Azeez Asade
Adeola Opesade

Preditores da preferência dos alunos de graduação entre navegadores da Web

Azeez Asade
Adeola Opesade

Preditores da preferência dos alunos de graduação entre navegadores da Web

ScienciaScripts

Imprint

Any brand names and product names mentioned in this book are subject to trademark, brand or patent protection and are trademarks or registered trademarks of their respective holders. The use of brand names, product names, common names, trade names, product descriptions etc. even without a particular marking in this work is in no way to be construed to mean that such names may be regarded as unrestricted in respect of trademark and brand protection legislation and could thus be used by anyone.

Cover image: www.ingimage.com

This book is a translation from the original published under ISBN 978-3-330-33248-5.

Publisher:
Sciencia Scripts
is a trademark of
Dodo Books Indian Ocean Ltd. and OmniScriptum S.R.L publishing group

120 High Road, East Finchley, London, N2 9ED, United Kingdom
Str. Armeneasca 28/1, office 1, Chisinau MD-2012, Republic of Moldova, Europe
Printed at: see last page
ISBN: 978-613-9-95264-9

RESUMO

A utilização comercial da Internet levou ao desenvolvimento de serviços de redes privadas competitivas e à criação de produtos comerciais, como os navegadores Web. Conhecer e compreender o que os diferentes tipos de programas de navegação oferecem facilita a escolha do melhor programa de navegação para as necessidades de um utilizador da Internet.

O modelo de aceitação da tecnologia, a teoria da ação fundamentada e o modelo de sistema de informação de Delone e McLean (2003) foram utilizados no estudo. Foi utilizado um desenho de investigação de inquérito e uma técnica de amostragem em várias fases. O instrumento de investigação utilizado para a recolha de dados foi o questionário. Foram distribuídas aleatoriamente seiscentas cópias de um questionário aos inquiridos em dezanove faculdades, institutos e centros da Universidade de Ibadan. A análise descritiva dos dados recolhidos foi efectuada através de análises de frequência e percentagem, enquanto a regressão logística com um nível de significância de 0,05 foi utilizada para testar as hipóteses.

Os resultados mostraram que uma percentagem elevada preferia o Mozilla (56,7%), enquanto uma percentagem muito baixa preferia o Internet Explorer (8,8%). O Google Chrome (16,7%) e o Opera (17,9%) foram quase igualmente preferidos. Para além disso, as mulheres (57,2%) preferem mais o Mozilla do que os homens (56,2%). O Mozilla foi também o mais utilizado (89,6%) e obteve uma pontuação muito elevada (43,8%) em comparação com os outros navegadores. Os resultados mostraram que a maioria dos alunos estava confiante na utilização de qualquer navegador Web para uma determinada tarefa, sendo que as alunas estavam mais confiantes do que os alunos. O Mozilla Firefox foi considerado o mais fácil de utilizar em comparação com os outros navegadores Web. Houve uma relação significativa entre os factores do sistema e a perceção de utilidade do navegador Web entre os utilizadores (p<0,05). Verificou-se uma relação significativa entre os factores individuais (sexo, idade e nível de escolaridade) e a utilidade percebida. Existe uma relação significativa entre a norma subjectiva e a preferência pelo navegador Web (p<0,05). Verificou-se uma relação significativa entre a utilidade percebida e a preferência por navegadores Web. No entanto, não se registou uma relação significativa entre a utilidade percebida e a preferência por navegadores Web.

O estudo recomenda que os criadores de programas de navegação Web tenham em conta a utilidade de cada programa de navegação para satisfazer as necessidades dos utilizadores, de modo a que estes possam navegar facilmente na Internet. Os criadores devem também conceber software de navegação Web que incentive uma maior interação entre os utilizadores e o sistema, uma vez que a qualidade da interface do navegador Web é um fator-chave que influencia a preferência dos utilizadores.

Palavras-chave: **factores individuais, factores sistémicos, aceitação da tecnologia, universidade de Ibadan, navegador Web**

CAPÍTULO UM
INTRODUÇÃO

1.1   Antecedentes do estudo

À medida que a Internet se torna parte integrante e quotidiana das nossas vidas, os navegadores Web competem entre si para permitir que os utilizadores da Internet acedam aos recursos e serviços que pretendem. A Internet nasceu da ARPANET e foi utilizada para a transmissão global, a divulgação de informações, a colaboração e a interação entre indivíduos e os seus computadores, independentemente da sua localização geográfica. É um dos exemplos mais bem sucedidos dos benefícios do investimento sustentável e do empenhamento na investigação e desenvolvimento de infra-estruturas de informação. A Internet é atualmente uma infraestrutura de informação generalizada, o primeiro protótipo do que é frequentemente designado por infraestrutura de informação nacional (ou global ou galáctica). A sua história é complexa e tem muitos aspectos - tecnológicos, organizacionais e sociais. A Internet tornou-se um instrumento importante, ou mesmo indispensável, de informação e comunicação Fallows (2005) e integrou outras actividades sociais na vida.

A utilização da Internet para fins comerciais conduziu não só ao desenvolvimento de serviços de rede privada competitivos, mas também à criação de produtos comerciais que utilizam a tecnologia da Internet. À medida que a Internet se foi desenvolvendo, um dos principais desafios tem sido a forma de divulgar as alterações ao software (Leiner et al., 2013). Embora a Internet seja uma fonte de troca de dados e informações, de acesso, de colaboração e de interação entre indivíduos e os seus computadores, o acesso e a utilização da Internet só podem ser feitos através da utilização de diferentes softwares, programas e produtos, como o navegador Web.

Os componentes e objectos Web podem prejudicar ou melhorar o desempenho de um navegador, mas o conhecimento de alguns truques rápidos pode ajudar o utilizador quando surgem problemas fundamentais (Foxhall, 2013). As sociedades actuais estão a passar por extraordinárias mudanças informacionais, sociais e tecnológicas. As mudanças sociais radicais não são novidade na história, mas o que é novo é a sua escala e o seu ritmo acelerado. Isto também se aplica à atual era da informação. A velocidade a que as novas tecnologias são introduzidas, aceites e amplamente adoptadas à escala global está a aumentar exponencialmente. Este facto aumenta a pressão sobre as empresas tecnológicas para encurtarem o tempo do ciclo de conceção, desenvolvimento e lançamento de novos produtos e para anteciparem quais as tecnologias que devem ser desenvolvidas para satisfazer as necessidades imediatas do público. Para garantir o sucesso, é importante compreender os factores que influenciam a decisão de um indivíduo a favor de uma determinada tecnologia. A concorrência no mercado das aplicações de software é intensa; uma situação exacerbada pela paridade, em que um produto pode ser facilmente copiado e a caraterística única de um produto se torna rapidamente obsoleta e desactualizada.

Inicialmente, os esforços comerciais consistiam principalmente em fornecedores que forneciam os produtos de rede básicos e em fornecedores de serviços que ofereciam a conetividade e os serviços básicos da Internet. Atualmente, a Internet quase se tornou um "produto de mercado de massas" e grande parte da atenção recente tem incidido na utilização desta infraestrutura global de informação para apoiar outros serviços comerciais. Esta situação foi extremamente acelerada pela adoção rápida e generalizada de diferentes programas de navegação pelos utilizadores e pela tecnologia da World Wide Web, que permite aos utilizadores aceder facilmente a informações ligadas em rede a nível mundial.

Os navegadores são compilados para serem executados em todos os sistemas operativos sem emulação e para serem utilizados para aceder à World Wide Web. Atualmente, os navegadores são conjuntos de software totalmente funcionais que podem interpretar e apresentar páginas Web HTML, aplicações, JavaScript, AJAX e outros conteúdos alojados em servidores Web. Muitos navegadores oferecem plug-ins que ampliam as capacidades de um navegador para que este possa apresentar informações multimédia (incluindo som e vídeo). O programa de navegação pode ser utilizado para realizar tarefas como videoconferência, para conceber páginas Web ou para adicionar filtros anti-phishing e outras funcionalidades de segurança.

A World Wide Web (Web) tornou-se um espaço único (Vespignani, 2007) e um dos nossos principais canais de informação e comunicação (Weinreich, Obendorf, Herder e Mayer, 2008). A Web oferece uma grande quantidade de informação a uma comunidade de utilizadores incrivelmente diversificada (Shneiderman, 2000) e os designers são constantemente confrontados com o desafio de desenvolver aplicações baseadas na Web que devem satisfazer as diferentes necessidades dos utilizadores. Existem muitos softwares e produtos concorrentes utilizados para aceder à Internet. Esta lista não é exaustiva, mas reflecte antes os sistemas operativos mais utilizados atualmente. Alguns destes navegadores Web são Amays, AOL Explorer, Arora, Avant, Camino, Chromium, Dillo, Dooble, ELinks, Flock, Galeon, Google Chrome, Internet Explorer, Lunascape,

Konqueror, Links, Lynx, Mosaic, Midori, Mozilla Firefox, Netscape, Netscape Browser, Netscape Communicator, Netscape Navigator, NetSurf, OmniWeb, Opera, SeaMonkey, Safari, Torch Browser e muitos outros.

De acordo com a TechMedia Network (2013), os dez navegadores de Internet ou Web mais utilizados estão classificados por ordem crescente numa escala que vai de excelente, bom, médio, mau e péssimo: Google Chrome, Mozilla Firefox, Internet Explorer, Opera, Safari, Maxthon, RockMelt, SeaMonkey, Deepnet Explorer e Avant Browser. Mitchell (2013) conclui que o Google Chrome, o Mozilla Firefox, o Internet Explorer, o Opera e o Safari são os navegadores Web mais utilizados. Conhecer e compreender o que os diferentes tipos de navegadores oferecem simplifica a decisão de escolher o melhor navegador, aquele que se adapta ao computador pessoal de um utilizador da Internet. Além disso, a escolha de um dos diferentes navegadores Web também é simplificada pela compreensão do comportamento dos utilizadores quando se trata de escolher um navegador Web. A escolha do programa de navegação Web é considerada um mercado altamente competitivo, que tem assistido à ascensão e ao declínio de diferentes programas de navegação Web (Rivera-Sanchez & Lin, 2012). Embora a teoria do comportamento planeado possa ser utilizada para estudar a escolha do navegador Web pelos utilizadores, é necessário ter em conta duas variáveis importantes: a qualidade do sistema e a qualidade do serviço do sistema operativo em que o navegador vai ser utilizado.

Existem diferentes tipos de sistemas operativos. Cada sistema operativo tem as mesmas funções: controla todas as entradas, o processamento e as saídas. Alguns exemplos de sistemas operativos são: Sistema Operativo de Disco (DOS), Microsoft Windows, UNIX, Mac OS, Android, Berkeley Software Distribution (BSD), iOS anterior iPhone OS, IBM x/OS e outros. O sistema operativo de um computador pode afetar o tipo de programa de navegação que pode ser utilizado nesse sistema, uma vez que muitos programas de navegação são selectivos e podem não funcionar em determinados sistemas operativos. A proliferação de produtos diferentes que desempenham funções semelhantes pode ser observada em praticamente todos os mercados de aplicações de software, incluindo os sistemas operativos: Linux, MacOS e Microsoft Windows, pacotes de software de escritório: Microsoft Office, IBM SmartSuite e StarOffice, e software gráfico: Photoshop e Corel Draw. Dado que produtos semelhantes estão a competir por uma fatia do mesmo bolo de utilizadores, é importante examinar como os utilizadores escolhem entre aplicações semelhantes (Rivera-Sanchez e Lin, 2012). De acordo com Maes e Poels

(2007), a qualidade do sistema é um conceito que se refere à capacidade de um sistema operativo utilizado para transmitir símbolos de comunicação devido à interação contínua entre o utilizador e o sistema durante uma tarefa ou utilização específica. Por outro lado, a qualidade do serviço é a totalidade do apoio prestado pelo fornecedor de serviços e aplica-se independentemente de quem presta esse apoio (DeLone e McLean, 2003; Floropoulas et al, 2010).

Ajzen (1991) explica que a teoria do comportamento planeado (TPB) pressupõe que a intenção comportamental de uma pessoa é uma função da relação entre a atitude, as normas subjectivas e o controlo comportamental percebido. Por conseguinte, a intenção de um utilizador de utilizar um determinado navegador Web é uma função da relação entre a atitude do utilizador, as normas subjectivas e o controlo comportamental percebido. A atitude refere-se à avaliação positiva ou negativa que uma pessoa faz da execução de um determinado comportamento. As normas subjectivas referem-se à perceção que uma pessoa tem da adequação dos outros à execução de um determinado comportamento. O controlo comportamental percebido refere-se à capacidade percebida de um indivíduo para realizar um determinado comportamento (Rivera-Sanchez e Lin, 2012).

As atitudes dos utilizadores em relação à avaliação das séries de programas de navegação Web, as normas subjectivas sobre os sentimentos de relevância dos outros utilizadores e as suas acções em relação a séries ou programas de navegação específicos, que também podem motivar os utilizadores a escolher um programa de navegação, bem como o controlo comportamental percebido pelos utilizadores sobre a capacidade de executar ou utilizar o programa de navegação Web, são todos importantes para a escolha do programa de navegação Web pelos utilizadores. O fator sistema também é importante para a escolha do programa de navegação Web. O objetivo deste estudo é examinar os factores individuais e sistémicos que influenciam a aceitação e a utilização de programas de navegação Web entre os estudantes da Universidade de Ibadan, no Estado de Oyo.

1.2 Apresentação do problema

Os browsers tradicionais não foram originalmente concebidos para suportar aplicações Web. Quando a mudança de paradigma começou, a execução de aplicações Web nos browsers tradicionais revelou-se problemática. Perante estes problemas, os programadores começaram a conceber novos browsers especificamente concebidos para funcionarem sem problemas com aplicações Web. Alguns utilizadores queixam-se de que o seu browser consome todos os bytes de memória disponíveis. Outros querem que o seu navegador reaja imediatamente. Em muitos casos, existe um compromisso, uma vez que os programadores ganham velocidade enchendo a memória e compilando todas as partes da página Web (The New York Times. (2011).

Os fornecedores tentaram partilhar os benefícios da Internet através da sua comercialização. Infelizmente, não dispunham de informações reais sobre a forma como a tecnologia deveria funcionar e sobre a forma como os clientes queriam utilizar os produtos de acesso à Internet (Leiner et al., 2013). Os navegadores Web parecem estar a desempenhar um papel mais importante no mercado da Internet, e a escolha dos consumidores para os utilizar deu origem a uma grande confusão sobre qual o navegador que melhor satisfaz os utilizadores. Mitchell (2013) deixou claro que conhecer e compreender o que os diferentes tipos de navegadores oferecem ajuda a escolher

a escolha do melhor programa de navegação a utilizar no computador pessoal de um utilizador da Internet, no entanto, mostra que a ausência deste conhecimento e compreensão complicaria e ampliaria os problemas de tomada de decisão, levando à confusão na escolha do programa de navegação.

Neste contexto, são importantes os factores que podem influenciar a preferência dos utilizadores da Internet pelos navegadores Web. Para tal, o presente estudo analisa os factores individuais, sistémicos e sociais que influenciam a preferência por navegadores Web entre os estudantes da Universidade de Ibadan, Ibadan, Estado de Oyo, Nigéria.

1.3 Objetivo do estudo

O principal objetivo deste estudo é examinar os factores que influenciam a escolha do navegador Web pelos estudantes da Universidade de Ibadan. Os objectivos específicos são:

(a) Determinar a influência das atitudes dos alunos na utilização e preferência do navegador Web.

(b) Estudar os factores responsáveis pela preferência por um determinado navegador Web.

(c) Avaliar as atitudes dos utilizadores em relação à utilização de um navegador Web.

(d) Estudo da popularidade de diferentes navegadores entre os estudantes da Universidade de Ibadan

(e) Estudo do modo como as normas subjectivas influenciam a utilização de um navegador Web.

(f) Análise dos factores individuais que influenciam a preferência pelo navegador

Web

(g) Estudar os factores do sistema, como a qualidade do sistema e a qualidade do serviço, que influenciam a preferência pelo navegador Web.

1.4   Questões de investigação

O estudo tem por objetivo responder às seguintes questões:

(a)   Que navegadores Web são utilizados pelos estudantes da Universidade de Ibadan?

(b) Quais são os navegadores Web preferidos dos estudantes da Universidade de Ibadan?

1.5   Explicação dos pressupostos

Neste estudo, são testadas as seguintes hipóteses nulas.

1. H_{01}: Não existe uma relação significativa entre os vários factores e a utilidade percebida.

2. H_{02}: Não existe uma relação significativa entre os factores do sistema e a utilidade percebida.

3. H_{03}: Não existe uma relação significativa entre os vários factores e a perceção da facilidade de utilização.

4. H_{04}: Não existe uma relação significativa entre os factores do sistema e a perceção da facilidade de utilização.

5. H_{05}: Não existe uma relação significativa entre a norma subjectiva e a preferência dos alunos por um programa de navegação Web.

6. H_{06}: Não existe uma relação significativa entre a perceção de utilidade e a preferência dos estudantes por um navegador Web.

7. H_{07}: Não existe uma relação significativa entre a perceção da facilidade de utilização e a preferência dos estudantes pelos navegadores Web.

1.6   Âmbito do estudo

Para garantir a eficácia do estudo, este limita-se aos estudantes da Universidade de Ibadan, no Estado de Oyo. Em princípio, o estudo visa examinar os seguintes factores que influenciam a preferência destes estudantes pelos navegadores Web. O contexto de navegação do estudo é também constituído por quatro navegadores Web: Internet Explorer (IE), Google Chrome, Opera e Mozilla Firefox. A razão para tal é o facto de estes serem os navegadores mais utilizados pelos alunos.

1.7   Justificação do estudo

Os estudantes foram escolhidos como grupo-alvo para este inquérito, uma vez que são utilizadores frequentes da Internet e têm um elevado nível de literacia informática. Para a indústria da informação e das comunicações, é importante compreender o comportamento dos utilizadores de programas de navegação na Web, de modo a poderem reagir com precisão às mudanças de comportamento dos seus clientes. Compreender as necessidades e os desejos dos utilizadores é fundamental para fornecer bons produtos e serviços que serão efetivamente utilizados pelos consumidores e que podem fornecer informações úteis e actualizadas, maximizando a vantagem competitiva dos fabricantes. Tanto para a ciência como para a indústria da informação e da comunicação, a utilização de navegadores Web é importante para obter uma melhor visão da Internet. A utilidade de conhecer o comportamento do utilizador final é cada vez mais importante para todos os grandes intervenientes da indústria da informação e da comunicação, de modo a promover novas funcionalidades que melhorem os navegadores Web.

O objetivo deste estudo é também descobrir por que razão os estudantes preferem e utilizam um determinado programa de navegação e até que ponto os utilizadores estão satisfeitos com a sua eficácia e eficiência. Os resultados deste estudo serão úteis para várias partes, tais como estudantes, educadores, investigadores, bibliotecários e gestores de bibliotecas, web designers, programadores e decisores políticos. A informação obtida com este estudo pode também melhorar a escolha do programa de navegação para estudantes e outras pessoas que utilizam a Internet e a World Wide Web.

Este estudo servirá também como pano de fundo para estudos em áreas semelhantes. Isto é muito importante, uma vez que este tema tem sido menos estudado do que a investigação sobre a utilização de outras tecnologias e produtos e serviços tecnológicos, como a Internet, os computadores, os telemóveis, etc. Além disso, a evolução contínua dos navegadores Web criará novas motivações de utilização e adoção. Por conseguinte, o resultado do presente estudo
será um bom guia para estudos futuros, por exemplo, sobre a aceitação de navegadores Web e afins.

1.8   Definições de termos-chave

Aceitação: consentimento individual para a utilização de um produto ou serviço.

Factores individuais/pessoais: são as caraterísticas pessoais e individuais dos utilizadores, como a idade, o sexo, o nível de educação, o grau de experiência, o sentido de auto-eficácia e outros.

Facilidade de utilização percebida: a medida em que um utilizador acredita que a utilização de um determinado sistema melhoraria o seu desempenho no trabalho.

Utilidade percebida: a medida em que um utilizador acredita que não é necessário qualquer esforço para utilizar um determinado sistema.

Normas subjectivas: A perceção de um utilizador de que a maioria das pessoas de quem gosta acredita que deve ou não deve utilizar um determinado sistema.

Factores do sistema: são factores que se relacionam e medem a qualidade do sistema de um sistema operativo. Estes incluem a qualidade do sistema e a qualidade do serviço.

Utilização: a ação positiva exigida por um utilizador para utilizar ou beneficiar de um produto ou serviço.

Navegadores Web : Os navegadores Web são aplicações de software utilizadas para ligar os utilizadores à Internet para facilitar o acesso.

CAPÍTULO DOIS
REVISÃO DA LITERATURA

2.0 Introdução

Este capítulo contém a revisão da literatura para o estudo. Foi revista alguma literatura relevante sobre a Internet, a World Wide Web, as caraterísticas dos navegadores Web e as teorias e modelos relacionados com os factores que influenciam a preferência dos alunos por um navegador Web.

2.1   A Internet

A Internet é um mecanismo global de difusão de informação e um meio de colaboração e interação entre indivíduos e os seus computadores, independentemente da sua localização geográfica. A Internet integrou-se nas nossas vidas e tornou-se uma ferramenta importante, se não indispensável, para a informação e a comunicação (Fallows, 2005). Leiner et al (2013) referem que a Internet revolucionou o mundo da computação e da comunicação como nunca antes. A invenção do telégrafo, do telefone, da rádio e do computador constituiu a base para esta integração sem precedentes de capacidades. A Internet é simultaneamente um meio de transmissão à escala mundial, um mecanismo de difusão de informação e um meio de colaboração e interação entre indivíduos e os seus computadores, independentemente da sua localização geográfica. A Internet é um dos exemplos mais bem sucedidos dos benefícios do investimento sustentado e do empenhamento na investigação e desenvolvimento de infra-estruturas de informação. Começando com a investigação inicial sobre comutação de pacotes, o governo, a indústria e o meio académico têm sido parceiros no desenvolvimento e implantação desta nova e excitante tecnologia. Há quatro aspectos diferentes na história da Internet.

Há o desenvolvimento tecnológico, que começou com as primeiras investigações sobre comutação de pacotes e ARPANET (e tecnologias associadas), e onde a investigação atual

alarga o horizonte da infraestrutura em várias dimensões, por exemplo, em termos de âmbito, desempenho e funções superiores. Em primeiro lugar, há o aspeto operacional e administrativo de uma infraestrutura operacional global complexa. Em segundo lugar, o aspeto social, que conduziu a uma grande comunidade Internet que trabalha em conjunto para criar e desenvolver a tecnologia. E há o aspeto comercial, que levou a uma implementação extremamente eficaz dos resultados da investigação numa infraestrutura de informação amplamente distribuída e disponível (Leiner et al., 2013).

A Internet é hoje uma infraestrutura de informação generalizada, o primeiro protótipo do que é muitas vezes referido como uma infraestrutura de informação nacional (ou global ou galáctica). Embora a sua história seja complexa, engloba muitos aspectos - tecnológicos, organizacionais e comunitários. E a sua influência não se estende apenas às áreas técnicas das comunicações informáticas, mas à sociedade em geral, uma vez que utilizamos cada vez mais ferramentas em linha para o comércio eletrónico, a recuperação de informações e as actividades comunitárias. Ao mesmo tempo que a tecnologia Internet estava a ser validada experimentalmente e amplamente utilizada por um subconjunto de investigadores informáticos, outras redes e tecnologias de ligação em rede estavam a ser investigadas. A utilidade das redes informáticas - em especial do correio eletrónico - demonstrada pela DARPA e pelos contratantes do Departamento de Defesa na ARPANET não passou despercebida a outras comunidades e disciplinas, pelo que, em meados da década de 1970, as redes informáticas começaram a surgir onde quer que fosse possível atribuir recursos para o efeito.

O Departamento de Energia dos EUA (DoE) criou a MFENet para os seus investigadores no domínio da energia de fusão magnética, ao que os físicos de altas energias do DoE responderam criando a HEPNet. Seguiram-se os físicos espaciais da NASA com a SPAN, e Rick Adrion, David Farber e Larry Landweber criaram a CSNET para a comunidade informática (académica e industrial) com uma subvenção inicial da National Science Foundation (NSF) dos EUA. A difusão descontrolada do sistema operativo UNIX pela AT&T deu origem à USENET, baseada na comunicação UUCP integrada no UNIX.[11]
e, em 1981, Ira Fuchs e Greydon Freeman desenvolveram a BITNET, que ligava mainframes universitários segundo o modelo do "correio eletrónico sob a forma de imagens cartográficas".

Com exceção da BITNET e da USENET, estas primeiras redes (incluindo a ARPANET) destinavam-se a uma utilização específica, ou seja, foram concebidas para comunidades fechadas de cientistas e, em grande medida, restringiam-se a elas; por conseguinte, havia pouca pressão para que as várias redes fossem compatíveis e, de facto, em grande medida não o eram. Além disso, foram desenvolvidas tecnologias alternativas no domínio comercial, incluindo a XNS da Xerox, a DECNet e a SNA da IBM. Restou à britânica JANET (1984) e à americana NSFNET (1985) manifestar explicitamente a sua intenção de servir toda a comunidade académica, independentemente da disciplina. De facto, uma das condições para obter financiamento da NSF para uma ligação à Internet era que a ligação fosse disponibilizada a TODOS os utilizadores qualificados do campus. Em 1985, Dennis Jennings veio da Irlanda para passar um ano na NSF a gerir o programa NSFNET. Ele trabalhou com a comunidade para ajudar a NSF a tomar uma decisão importante - que o TCP/IP seria obrigatório para o programa NSFNET. Quando Steve Wolff assumiu o comando do programa NSFNET em 1986, reconheceu a necessidade de uma infraestrutura de rede em grande escala para apoiar a comunidade académica e de investigação em geral, bem como a necessidade de desenvolver uma estratégia para construir essa infraestrutura que, em última análise, seria independente de financiamento federal direto. Para atingir este objetivo, foram adoptadas orientações e estratégias adequadas. A NSF decidiu também apoiar a infraestrutura organizacional existente da DARPA, que estava hierarquicamente colocada sob a alçada do (então) Internet Activities Board (IAB). A explicação pública para esta decisão foi a autoria conjunta das Task Forces de Engenharia e Arquitetura da Internet do IAB e do Network Technical Advisory Group da NSF do RFC 985 (Requirements for Internet Gateways), que garantiu formalmente a interoperabilidade das partes da Internet da DARPA e da NSF.

Lankes (2008) observa que não há dúvidas de que as pessoas nos países industrializados dependem cada vez mais da Internet para obter informações. Setenta e três por cento dos 12
Os adultos americanos são utilizadores da Internet e 42% dos americanos (cerca de 84 milhões) têm agora uma ligação de banda larga em casa, contra 29% em janeiro de 2005 (Madden, 2006). Os números são ainda mais impressionantes entre os jovens, incluindo os estudantes (Lankes, 2008). Lenhart, Madden e Hitlin (2005) referiram recentemente que 87% dos jovens dos países industrializados com idades compreendidas entre os 12 e os 17 anos são utilizadores da Internet, 51% dos quais afirmam utilizá-la diariamente. Outras estimativas sugerem que metade das crianças do primeiro ao quinto ano estão em linha, tal como 80% dos estudantes do ensino secundário (National Centre for Education, 2003). A crescente dependência da Internet é também ilustrada pelo aumento dramático das opções de autosserviço disponíveis para os utilizadores da Internet (Lankes, 2008). Atualmente, espera-se que as pessoas reservem os seus próprios bilhetes de avião, definam os seus próprios planos de reforma e até decidam entre tratamentos médicos de vida ou morte, utilizando ferramentas da Internet e informações disponíveis na Web, sem a ajuda de intermediários de informação tradicionais (Eysenbach, 2005).

2.2   Internet móvel e browser

O protocolo de aplicação sem fios, mais conhecido por WAP, pode ser considerado o precursor dos serviços de Internet móvel. O WAP é um protocolo para aceder a informações e serviços a partir de dispositivos móveis. A norma WAP é definida e coordenada pela Open Mobile Alliance (OMA), oficialmente conhecida como WAP Forum. A Open Mobile Alliance é um consórcio de intervenientes da indústria com interesse em alargar aos utilizadores de dispositivos móveis, incluindo telemóveis, o tipo de informações e serviços a que nos habituámos através da Internet. A primeira versão do WAP, WAP 1.0, foi apresentada em abril de 1998, mas tudo começou em 1995, quando a Ericsson publicou um projeto destinado a aumentar o número de serviços nas redes móveis. O protocolo que foi posteriormente desenvolvido chamava-se Intelligent Terminal Transfer Protocol (ITTP). O ITTP era capaz de gerir a comunicação entre uma aplicação e um telemóvel. O objetivo era que o ITTP se tornasse a norma para os serviços nas redes móveis (Nokia, 1997). Os 13

A comunicação entre o telefone e a Internet era gerida através da tecnologia SMS e de uma linguagem de marcação denominada Tagged Text Markup Language (TTML), que funcionava da mesma forma que o Handheld Device Transfer Protocol (HDTP), utilizado para descrever o conteúdo e a interface do utilizador da página. Assemelha-se ao HTML, mas está optimizado para a comunicação sem fios. Atualmente, todos os telemóveis com capacidade WAP incluem um programa de navegação WAP. O programa de navegação WAP permite ao utilizador navegar nas páginas WAP. O WAP existe atualmente em diferentes versões: a versão mais recente é a WAP 2.0, que permite visualizar as páginas WAP a cores e foi desenvolvida utilizando uma versão do XHTML conhecida como XHTML Mobile Profile.

Existem vários navegadores disponíveis para dispositivos móveis para aceder a páginas Web. Os navegadores móveis mais populares são o Safari, o Android, o Opera, o Microsoft Pocket IE, o Windows OS, o AvantGo e o Teleca Obigo. De acordo com uma análise em linha do mercado de browsers para dispositivos móveis efectuada pela Net Application, o browser IOS da Apple, o Safari, absorveu 61,79% de todo o tráfego Web dos browsers para dispositivos móveis, seguido do browser padrão do Android com uma quota de mercado de 22,82%. O Opera Mini, o Chrome e outros têm menos de 10% da quota de mercado, enquanto o Blackberry e o Symbian têm menos de 1%. O Opera 6.0 é um programa de navegação Web desenvolvido inicialmente para o telemóvel Sony

Ericsson P800, mas a Opera também lançou uma versão do seu programa de navegação Web para telemóveis Nokia. O programa de navegação utiliza uma técnica designada por Small Screen Rendering (SSR) e reformata a apresentação das páginas Web que a Web de secretária faz para se adaptar a um ecrã mais pequeno.

O Opera suporta as normas mais recentes, tais como HTML 4.01, JavaScript 1.5 e XHTML 1.1 (Opera, 2009). O AvantGo é um navegador offline para dispositivos Palm e Pocket PC. O AvantGo permite que os utilizadores descarreguem sítios Web selecionados que são adaptados ao dispositivo móvel durante a sincronização, para que os utilizadores possam navegar nas páginas Web descarregadas offline no seu dispositivo portátil. No entanto, a maioria dos telemóveis vem com o seu próprio programa de navegação. Várias empresas ofereceram programas de navegação para a plataforma Palm OS. O primeiro navegador para Palm OS 1.0 foi o HandWeb da Smartcode Software em 1997. O HandWeb contém a sua própria pilha TCP/IP e a Smartcode foi adquirida pela Palm em 1999.

A Qualcomm também desenvolveu o navegador Web Eudora e comercializou-o com o smartphone QCP baseado no PalmOS. O PocketWeb era uma solução de navegação na Web baseada em proxy desenvolvida por estudantes da Universidade da Califórnia em Barkeley e posteriormente adquirida pela PumaTech.

2.3   Caraterísticas dos navegadores Web populares

Os browsers são pacotes de software totalmente funcionais que podem interpretar e apresentar páginas Web HTML, aplicações, JavaScript, AJAX e outros conteúdos alojados num servidor Web. Atualmente, os principais navegadores são o Internet Explorer da Microsoft, o Firefox da Mozilla, o Chrome da Google, o Opera da Opera e o Safari da Apple. Muitos destes navegadores têm funções diferentes que incentivam os utilizadores individuais a aceitá-los e a utilizá-los. Abaixo estão os browsers mais populares e as suas funções.

2.3.1   Internet Explorer

O Windows Internet Explorer (anteriormente Microsoft Internet Explorer; abreviado para MSIE), normalmente abreviado para IE, é uma série de navegadores Web gráficos desenvolvidos pela Microsoft e incluídos na gama de sistemas operativos Microsoft Windows desde 1995. Tem sido o navegador Web mais utilizado desde 1999 e atingiu um pico de cerca de 95% de utilização em 2002 e 2003 com o IE 5 e o IE6. O

Internet Explorer utiliza a deteção de DOCTYPE para escolher entre o "modo Quirks" (semelhante às versões mais antigas do MSIE) e o modo standard (mais próximo das especificações do W3C) quando apresenta HTML e CSS no ecrã (quando imprime, o Internet Explorer utiliza sempre o modo standard). Oferece também o seu próprio dialeto de script ECMA chamado Jscript. O Internet Explorer tem sido criticado pelo seu apoio limitado às normas Web abertas. As principais caraterísticas do Internet Explorer 10 são as seguintes

i.   Melhoria da velocidade
ii. Proteção contra a perseguição
iii. Controlo de sítios fixados para proprietários de sítios
iv. Separadores numa linha separada
v.   Repetir uma pesquisa num campo
vi. Notificação menos intrusiva

2.3.2 *Google Chrome*

O Google Chrome, o último navegador lançado em 2008, já tinha uma quota de mercado de 3,9% em janeiro de 2009. O Chromium é o projeto de código aberto por detrás do Google Chrome. As suas principais caraterísticas são as seguintes

i.   Gestor de tarefas para sítios Web
ii.   Histórico de navegação visual
iii. Menus pop-up super limpos
iv.   Opção de pesquisa na barra de endereço
v.   Verificar a utilização da memória em diferentes browsers
vi.   Reabrir separadores de sítios Web que fechou por engano
vii. Lançamento de sítios Web através do menu Iniciar/barra de lançamento rápido
viii. Os programadores falam de maior velocidade (benchmarks Sunspider e v8), melhor estabilidade e desempenho e maior segurança.

A arquitetura do Chromium fornece informações sobre as suas caraterísticas de segurança. O Chromium é composto por dois módulos com proteção separada: o kernel do navegador e o motor de renderização. Esta arquitetura ajuda a mitigar ataques de alto nível sem comprometer a compatibilidade. A versão mais recente do Google Chrome é a 32.0.1700.102.

2.3.3   *Mozilla Firefox*

O Firefox é um projeto de código aberto gerido pela Fundação Mozilla. Todos os
está dividido em sub-módulos. Cada um destes módulos pertence a uma pessoa
específica, que é responsável pelo desenvolvimento do módulo em questão. Faz parte da
Mozilla Corporation Suite e é gerido pela Mozilla Corporation. O Firefox inclui
navegação por separadores, um corretor ortográfico,   pesquisa incremental , Live
As funcionalidades podem ser adicionadas por complementos criados por programadores

terceiros, incluindo o utilitário de desativação de JavaScript No Script, o personalizador

Tab Mix Plus, a barra de ferramentas de controlo do leitor multimédia Foxy Tunes, o

utilitário de bloqueio de anúncios Adblock Plus, o Stumble Upon (descoberta de sítios

Web), o Foxmarks Bookmark Synchronizer (sincronização de favoritos), o WOT: Web of

Trust (consultor de segurança de sítios Web), o Download Enhancer e a Web Developer

Toolbar. Com uma quota de mercado de 45,5% em 2009, é um dos navegadores mais

populares. O Firefox 26.0 é a versão mais recente do navegador Firefox com as seguintes

caraterísticas:

   i.   Fácil de utilizar

  ii.   Elevado desempenho e velocidade

 iii.   Segurança avançada

 iv.   Personalização poderosa

  v.   Tecnologia de ponta

 vi.   Acesso universal

2.3.4   *Ópera*

O Opera tem uma quota de mercado de 2,3%. Mas as caraterísticas deste programa

de navegação são interessantes. O Opera afirma ser um programa de navegação rápido e

seguro; tem as seguintes novas funcionalidades na sua versão mais recente:

   i.   Bloqueio de conteúdos

  ii.   Suporte para Bit Torrent

 iii.   Widgets

 iv.   Editor de motores de busca

  v.   Parâmetros do sítio

 vi.   Novo programa de instalação. Um pacote - 30 idiomas

 vii.   Indicador de fonte integrada

viii.   Opera: configurado para definições avançadas

 ix. Utilizar separadores: miniaturas quando se move o cursor do rato sobre um

separador

x. Os widgets no Opera são mais como pequenas aplicações autónomas que podem interagir umas com as outras.

ligados à Internet e que vivem fora do navegador, e não como elementos de interface capazes de modificar o comportamento básico do navegador.

2.3.5 Safari

O Safari é um navegador Web desenvolvido pela Apple Inc. e incluído nos sistemas operativos OS X e iOS. Foi lançado pela primeira vez em 7 de janeiro de 2003 como uma versão beta pública para o sistema operativo OS X e tornou-se o navegador padrão da Apple desde o Mac OS X 10.3 "Panther". O Safari é também um navegador nativo para iOS. Uma versão do Safari para o sistema operativo Microsoft Windows foi lançada em 11 de junho de 2007 e suportava o Windows XP Service Pack 2 ou superior, mas foi descontinuada. O Safari 5.1.7, lançado em 9 de maio de 2012, é a versão mais recente disponível para Windows. De acordo com a Net Applications, em outubro de 2011, o Safari representava 62,17% da navegação na Web em dispositivos móveis e 5,43% do tráfego em computadores, com uma quota de mercado combinada de 8,72%. O Safari 5.1.7 (versão mais recente) para Windows contém melhorias no desempenho, estabilidade, compatibilidade e segurança, incluindo alterações que :

• Melhoria da capacidade de resposta do browser com baixo consumo de memória

do sistema

• Resolução de um problema que pode afetar os sítios Web que utilizam formulários

para autenticar os utilizadores

2.4 Concorrência no mercado do software de navegação

Tim Berners-Lee e os seus colegas desenvolveram o HTTP e o HTML em 1989, e o primeiro cliente Web em 1990. No ano seguinte, Nicola Pellow desenvolveu o primeiro navegador multiplataforma e, em 1991, já existiam quatro clientes Web diferentes. Em 1993, Marc Andreessen, do National Centre for Supercomputer Application, desenvolveu um programa de navegação chamado Mosaic. Em janeiro de 1994, o Mosaic dominava o mercado dos programas de navegação com uma quota de utilização de 97%. No entanto, no espaço de dois anos, a quota de utilização do Mosaic caiu drasticamente, de 97% para 5%, e em abril de 1996, o Mosaic tinha perdido completamente o mercado para o Netscape. O próprio Netscape viria a sofrer um destino semelhante: no final de agosto de 2002, o Internet Explorer dominava o mercado dos programas de navegação, deixando o Netscape com uma quota de apenas 3,4%.

No início de novembro de 2004, o Mozilla Firefox lançou a versão 1.0. Em menos de 100 dias, o software foi descarregado 25 milhões de vezes por utilizadores de todo o mundo. A sua quota de utilização mais do que duplicou, passando de 4,6% em novembro de 2004 para 13,76% em fevereiro de 2008 (Onestat.com, 2004, 2005, 2008). De acordo com um inquérito realizado pela Statcounter em 2011, a quota do Mozilla Firefox na utilização global de browsers continua a crescer, atingindo 28% em julho de 2011. Apesar do domínio do Internet Explorer, o Firefox atraiu rapidamente utilizadores europeus, atingindo uma quota de utilização de 25% a 35% na Finlândia e na Alemanha em 2008 (OneStat.com, 2008). Em 2011, o Firefox era o principal navegador Web na Europa, com uma quota de 38,1%, em comparação com 37,5% do Internet Explorer (The New York Times, 2011). A Google apresentou o navegador Google Chrome em 9 de setembro de 2008 (Perry, 2008). O objetivo da Google ao desenvolver e publicar o navegador Chrome era mudar a forma como navegamos na Internet e a forma como utilizamos os computadores.

Esta iniciativa vem na sequência das iniciativas gerais da Google em matéria de computação em nuvem, cujo objetivo final é transferir o processamento de dados dos computadores de secretária para os centros de dados. O navegador Chrome tem aumentado constantemente a sua quota de mercado desde o seu lançamento. A nível mundial, o Google Chrome ultrapassou o Safari e o Opera e tornou-se o terceiro programa de navegação Web mais popular em agosto de 2009, com uma quota de mercado de 3,38%, seguido do Mozilla Firefox com 31,28% e do

Microsoft Internet Explorer (58,69%). O Google Chrome ultrapassou o Safari e o Opera para se tornar o terceiro navegador Web mais popular em novembro de 2010, com uma quota de mercado de 10,89%, atrás do Mozilla Firefox (26,75%) e do Microsoft Internet Explorer (50,24%).

Quadro 2.1: **Estatísticas dos programas de navegação com a quota de mercado dos programas de navegação Web**

2013	Internet Explorer	Firefox	Chrome	Safari	Opera
December	9.0%	26.8%	55.8%	3.8%	1.9%
November	10.5%	26.8%	54.8%	4.0%	1.8%
October	11.7%	27.2%	54.1%	3.8%	1.7%
September	12.1%	27.8%	53.2%	3.9%	1.7%
August	11.8%	28.2%	52.9%	3.9%	1.8%
July	11.8%	28.9%	52.8%	3.6%	1.6%
June	12.0%	28.9%	52.1%	3.9%	1.7%
May	12.6%	27.7%	52.9%	4.0%	1.6%

A Tabela 2.1 mostra que o Google Chrome domina o mercado dos browsers com 55,8%, seguido do Firefox com 26,8%, do Internet Explorer com 9,6%, do Safari com 3,8% e do Opera com 1,9% de quota de mercado em dezembro de 2013.

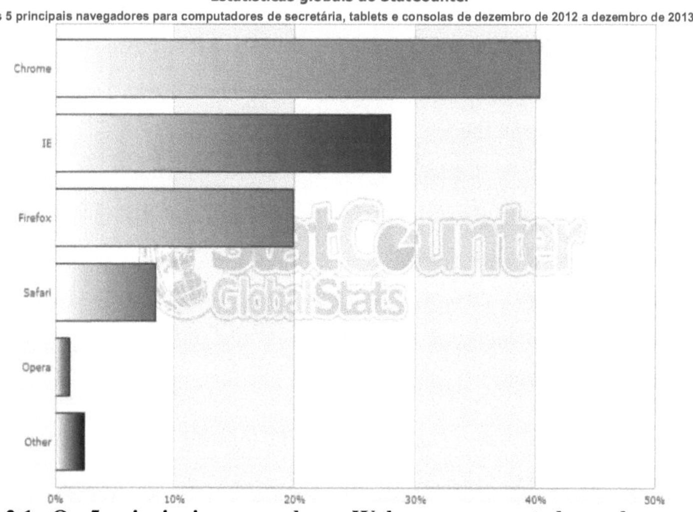

Figura 2.1: Os 5 principais navegadores Web para computadores de secretária, tablets e consolas de dezembro de 2012 a dezembro de 2013: Fonte: www.statcounter.com/globalstats.php

A Figura 2.1 mostra que o Google Chrome é utilizado mais de 40% do tempo em todo o mundo, seguido do Internet Explore com 28%, do Firefox com 20%, do Safari com 9%, do Opera com 1% e de outros com 2% de quota de mercado. Isto mostra que o Google Chrome é o líder no mercado global de utilização de programas de navegação.

Figura 2.2:   **Utilização de navegadores Web por continente.fonte :**
www.statcounter.com/globalstats.php

A Figura 2.2 mostra a utilização de navegadores Web em diferentes continentes. O Firefox e o Chrome são utilizados em África, especialmente na Nigéria, enquanto o Chrome é amplamente utilizado na Ásia, América do Sul, Austrália, Europa e partes da América do Norte. O Internet Explorer é utilizado em partes da Ásia, África e América do Norte.

2.5 A Universidade de Ibadan

A Universidade de Ibadan foi fundada em 1948 como uma faculdade da Universidade de Londres. A universidade começou no antigo local de Eleyele, a cerca de oito quilómetros do local atual. O local atual abrange 1032 hectares de terreno. As aulas oficiais começaram em 18 de janeiro de 1948. Havia cento e quatro (104) estudantes fundadores (incluindo quarenta e nove (49) estudantes nos cursos de formação de professores e de topografia).

Em fevereiro de 1948, a Universidade de Londres aprovou uma relação especial com o University College, Ibadan (UCI). [th]A abertura oficial do University College Ibadan teve lugar a 25 de março de 1948. O primeiro torrão de terra foi virado no local atual e definitivo em 17 de novembro de 1948, o dia da fundação da universidade. No décimo quinto aniversário da sua fundação, a universidade tornou-se independente da Universidade de Londres e passou a ser a Universidade de Ibadan por uma lei do Parlamento aprovada em dezembro de 1962.

O Conselho Académico, criado pelo Decreto sobre o Ensino Superior (n.º 25 de 1948), foi substituído pelo Senado em 1954 através de uma nova lei. A Portaria n.º 10 de

1954 criou um conselho para a administração da universidade. Com a transformação do University College na Universidade de Ibadan, foi promulgada uma nova lei em 1962, com alterações em 1972 e 1973, que ainda hoje constitui a constituição básica da universidade. A lei prevê a Congregação, a Convocação, o Senado e funcionários como o Visitante, o Chanceler, o Pró-Chanceler, o Vice-Chanceler, o Conservador, o Tesoureiro e o Bibliotecário. O Vice-Chanceler é assistido na administração da Universidade por um Vice-Chanceler Adjunto. Em conformidade com a política de descentralização da Universidade e com o Regulamento Académico 11 de 1993, o cargo de Vice-Reitor Adjunto foi aumentado em um.

De acordo com o departamento de planeamento da universidade, que responde ao gabinete do vice-reitor, a universidade tem dezanove (19) faculdades/centros, incluindo o Centro de Recursos de Media de Abadina, o Centro Regional Africano para as Ciências da Informação (ARCIS), agricultura e silvicultura, humanidades, ciências médicas básicas, Ciências Clínicas, Centro para a Paz e os Conflitos, CESDEV, Odontologia, Ciências da Educação, Instituto de Estudos Africanos, Instituto de Ciências da Educação, Direito, Farmácia, Saúde Pública, Ciências Naturais, Ciências Sociais, Tecnologia e Medicina Veterinária. O número de estudantes tem crescido de forma constante com a idade da universidade. Em 1958/59, o número de estudantes passou de 104 em 1948 para 1.000 atualmente. Em 1968/69, o número de estudantes tinha aumentado para cerca de 3.500. Dez anos mais tarde, havia

Em 1977/78, o número de estudantes era de 8865, passando para 13 862 em 1986/87. Atualmente, para o ano letivo de 2011/12, o número de estudantes é de 21 636. Por género, o número de estudantes do sexo masculino é de 12 223 e o número de estudantes do sexo feminino é de 9 413. Em 2011/12, havia 13.408 estudantes de licenciatura e 8.228 estudantes de pós-graduação.

2.6   Factores do sistema

O fator sistema é um termo que se refere à qualidade de um determinado sistema utilizado por um utilizador. É um fator importante que incentiva um utilizador a utilizar um determinado sistema. Seddon (1997) concluiu que, para um determinado sistema, tanto a qualidade do sistema como a qualidade da informação são importantes. A qualidade do sistema e a qualidade da informação têm um impacto na utilidade percebida e na satisfação do utilizador do sistema. Além disso, argumenta-se que a utilidade percebida influencia a satisfação do utilizador, mas não vice-versa. Sabe-se que a utilidade percebida e a satisfação do utilizador do sistema também influenciam a utilidade líquida do sistema em utilização. Espera-se que a utilidade líquida esteja diretamente relacionada com a utilidade e a satisfação. Delone e McLean (2003) acrescentaram aos dois principais constructos de Seddon (1997), a qualidade do sistema e a qualidade da informação, a qualidade do serviço como outro componente importante do sistema de informação. Isto pode ser explicado pela evolução do conceito de estudo dos sistemas de informação e pelo desenvolvimento e dinâmica da investigação. O resultado são três constructos principais para medir a qualidade do sistema: qualidade do sistema, qualidade da informação e qualidade do serviço.

A qualidade do sistema refere-se à qualidade com que o sistema transmite os símbolos de comunicação. No entanto, resulta da interação contínua com o sistema durante a execução de uma tarefa específica (Maes e Poels, 2007) que envolve a manipulação, utilização e interação humana com o sistema. As principais variáveis utilizadas para medir a qualidade do sistema de cada sistema são as caraterísticas do sistema, a independência do conhecimento que contém, a flexibilidade do sistema, a estabilidade, a fiabilidade, a utilidade de funções específicas e a facilidade de utilização.

uma interface convivial, facilidade de utilização e tempos de resposta aceitáveis (Rai, Lang e Welker, 2002; Delone e McLean, 2003; Floropoulos et al, 2010).

A qualidade da informação é definida por Floropoulos, Spathis, Halvatzis e Tsipourido (2010) como o que pode ser avaliado em termos da informação produzida pelo sistema de informação e a medida em que este produto de informação satisfaz as necessidades dos utilizadores em termos de exatidão, fiabilidade, relevância, exaustividade, precisão, atualidade e concisão. A qualidade do serviço, por outro lado, diz respeito a toda a assistência prestada pelo prestador de serviços, independentemente de quem prestou essa assistência (DeLone e McLean, 2003, Floropoulas et al, 2010).

Outro fator importante para a qualidade do sistema é a conceção da interface do utilizador. A qualidade da conceção da interface do utilizador é um fator crítico no desenvolvimento de software de informação (Chen, 2010). Uma interface de utilizador bem concebida pode facilitar a utilização de um sistema pelos utilizadores e reduzir a sua carga cognitiva. Wang e Yang (2005) sugerem que os cinco princípios seguintes de conceção centrada no utilizador devem ser utilizados para desenvolver uma interface de utilizador que promova uma maior interação entre os utilizadores e o sistema. Estes princípios são os seguintes

(1) Destacar as informações mais importantes;

(2) criar uma ordem visual de importância para o utilizador ;

(3) organizar a informação de modo a que os alunos possam ver o quadro completo

(4) Design uniforme dos botões ;

(5) Feedback visual.

Estes princípios de conceção foram adoptados por uma série de investigadores e organizações (IBM, 2004; Lohr, Falro, Hunt & Johnson, 2007).

2.7   Factores individuais

Os factores individuais desempenham um papel importante na influência do comportamento de compra dos consumidores. As decisões de um comprador são também influenciadas por caraterísticas pessoais, como a atitude do comprador.

idade e fase do ciclo de vida, ocupação, situação económica, estilo de vida e personalidade e autoconceito (Yakup & Jablonsk (2012)).

a.   Idade e estado do ciclo de vida: as pessoas mudam os bens e serviços que compram ou utilizam ao longo da vida. O comportamento de compra é também influenciado pela fase do ciclo de vida familiar - as fases que as famílias podem atravessar à medida que amadurecem. Os profissionais de marketing definem frequentemente os seus mercados-alvo em termos da fase do ciclo de vida e desenvolvem produtos e planos de marketing em conformidade (Michael, 1994).

b.   Profissão: a profissão de uma pessoa tem um impacto nos bens e serviços que compra. Os profissionais de marketing tentam identificar os grupos profissionais que têm um interesse acima da média nos seus produtos e serviços. Uma empresa pode mesmo especializar-se no fabrico de produtos de que um determinado grupo profissional necessita (Kotler e Armstrong, 1994).

c.   Situação económica: a situação económica de uma pessoa tem uma grande influência na escolha do produto. Os profissionais de marketing de bens baseados no rendimento acompanham de perto as mudanças no rendimento pessoal, nas poupanças e nas taxas de juro (Yakup e Jablonsk, 2012). Se os indicadores económicos apontarem para uma recessão, os profissionais de marketing podem tomar medidas para redesenhar, reposicionar e reprecificar os seus produtos.

d.   Estilo de vida: pessoas da mesma subcultura, classe social e até profissão podem ter estilos de vida muito diferentes. O estilo de vida é o padrão de vida de uma pessoa, expresso nas suas actividades, interesses e opiniões (Yakup e Jablonsk, 2012). O estilo de vida engloba mais do que a classe social ou a personalidade de uma pessoa. O conceito de estilo de vida, se utilizado cuidadosamente, pode ajudar o comerciante a compreender a mudança de valores dos consumidores e o seu impacto no comportamento de compra (Yavuz e Jablonsk, 2012).

e.   Personalidade: a personalidade distinta de cada indivíduo influencia o seu comportamento de compra (Yakup e Jablonsk, 2012). A personalidade refere-se às caraterísticas psicológicas únicas que resultam em respostas relativamente consistentes e duradouras ao ambiente de uma pessoa. Muitos profissionais de marketing utilizam um conceito relacionado com a personalidade - o auto-conceito de uma pessoa.

2.8   Utilização da Internet pelos alunos

A Internet, conhecida simplesmente como "rede" e que remonta à Guerra Fria, é um conjunto de computadores e de redes informáticas espalhadas pelo mundo, que trocam todas as suas informações através de protocolos Internet acordados (Udende e Azeez, 2010). Trata-se, portanto, de um carro de informação que utiliza diferentes redes informáticas. No entanto, não pode ser utilizado sem o navegador Web, pois é este que permite a ligação e a interação entre o utilizador e a Internet. Adegoke (2009:122) confirma que "a Internet é também uma biblioteca virtual, vista como um espaço virtual que contém uma enorme quantidade de informações e documentos, incluindo livros, imagens, vídeos, gráficos e sons musicais, que podem ser consultados". Adomi (2005) concluiu que a Internet tem um impacto profundo em países africanos como a Nigéria, uma vez que tem o potencial de influenciar positivamente os aspectos sociais, políticos, educativos e tecnológicos de cada nação e outras áreas da vida das pessoas.

A Internet foi introduzida quando a Força Aérea pediu a cientistas informáticos de renome, em 1962, que desenvolvessem os meios adequados para manter a capacidade dos militares de transmitir informações em todo o país, mesmo que uma área específica fosse destruída num ataque inimigo (Baran, 2009). Desde então, a rede espalhou-se como um polvo, influenciando diferentes áreas da atividade humana. A rede fornece informações supérfluas através da interconexão global, confirmando o que McLuhan chamou de "superestrada da informação" (Severin e Tankard, 2001).

Bankole e Babalola (2012) constataram que o sector da educação foi um dos primeiros a utilizar a Internet e que esta aumentou ainda mais a amplitude e a profundidade das oportunidades nas instituições de ensino superior em todo o mundo. Além disso, a Internet serve como uma ferramenta útil para apoiar diferentes actividades educativas, desde a investigação ao ensino. Anderson e Reed (1998) constataram que a tecnologia da

Internet e os computadores permitiram que os estudantes aprendessem ativamente e que os professores actuassem como facilitadores. Jackson, et al (2011) observaram que a Internet

A Internet irá nivelar o campo de jogo educacional, uma vez que é acessível a todos, em qualquer lugar, a qualquer momento, independentemente do género, etnia, rendimento ou outras caraterísticas sociodemográficas. Isto faz da Internet uma ferramenta indispensável que fará avançar o ensino universitário para a economia do conhecimento (Bankole e Babalola, 2012). Para além dos meios de comunicação de massas tradicionais como fontes de informação e educação, a Internet (Udende e Azeez, 2010).

A Internet está a ganhar rapidamente importância na sua utilização no meio académico e noutras áreas de aspiração humana. Ciboh (2007) observa que "os meios de comunicação modernos, da imprensa escrita à Internet, à rádio, à televisão e ao cinema, evoluíram para substituir os sistemas de comunicação tradicionais", através dos quais é possível obter e trocar informações valiosas. Para se orientarem na arena global, os indivíduos, as organizações e as instituições têm uma verdadeira ferramenta à sua disposição: a Internet. A Internet revolucionou a sociedade, a economia e até o sistema tecnológico. A elasticidade do seu impacto estende-se a todos os domínios da vida e ninguém parece saber ao certo até onde e em que direção a Internet se desenvolverá, mas a sua eficácia e importância em todos os domínios da vida não devem ser subestimadas (Kahn e Cerf, 1999).

É difícil estimar o número de utilizadores da Internet. Estima-se que existam mais de mil milhões de utilizadores da Internet em todo o mundo (Baran, 2009). Baran acrescenta que quanto mais jovem for uma pessoa, maior é a probabilidade de ter acesso à rede (Baran, 2009). O mesmo acontece com as mais de 30 000 redes que ligam mais de 10 000 000 de computadores e cerca de mil milhões de utilizadores em todo o mundo (www.Internetworldstats.com/stats.html). Ao contrário das sociedades avançadas, como os Estados Unidos da América e o Reino Unido, a rede é considerada uma criança pequena na Nigéria (Udende e Azeez, 2010). Muitos estudantes nigerianos e outros utilizadores são rápidos a adotar novas tecnologias. Isto deve-se ao facto de muitas organizações e instituições académicas, como a Joint Admissions and Matriculation

Board, JAMB, são amplamente conhecidos por explorarem as possibilidades oferecidas pela Internet, criando um sítio Web e dando instruções aos potenciais estudantes para consultarem os seus centros, resultados, admissões, notas, cartazes do sítio, informações, etc. na Internet Udende e Azeez, (2010).

Para além disso, estas escolas também utilizavam este meio para obter benefícios para o seu desenvolvimento. No seu estudo, Ologbo-Ori (2005) constatou que, para verificar os seus resultados, os alunos tinham de comprar raspadinhas por N300. Na primeira semana em que o sítio foi publicitado, foram vendidas 500.000 raspadinhas (que poderiam já ser mais, dado o crescimento da população nigeriana de 3,2% ao ano (NEEDS, 2006)), e cada bilhete custa cerca de N300. Os estudantes só podem utilizar cada bilhete cinco vezes no local. Ninguém pensaria que isto fosse possível na Nigéria. Podemos, portanto, concluir que estas escolas e organizações geram milhares de milhões de nairas através da Internet, que é uma fonte de crescimento e desenvolvimento.

A investigação na Internet também ajuda os estudantes universitários a desenvolverem-se intelectualmente e a prepararem-se para as suas carreiras. Dado que os recursos de informação na Internet são infinitos, as bibliotecas estão a investir cada vez mais no fornecimento de serviços e recursos da Internet, a fim de oferecer aos seus utilizadores um melhor acesso à informação. Lyon et al (1998) observam que as ligações à Internet são um serviço altamente visível em todas as bibliotecas e que os bibliotecários e os seus clientes as integraram no seu trabalho quotidiano. As bibliotecas académicas oferecem agora cursos de competências de informação para formar professores e estudantes na capacidade de aceder, consultar e avaliar recursos de informação na Internet (Bankole e Babalola, 2012). Qunqing (2004) descreveu a Internet como uma "grande enciclopédia" ou "biblioteca sem paredes" devido à abundância de informação que oferece.

Jagboro (2003) concluiu que a Internet era o quarto recurso mais importante para materiais entre os estudantes de pós-graduação, com os inquiridos a utilizarem a Internet para aceder a materiais de investigação e ao correio eletrónico. O estudo concluiu que a utilização da Internet para actividades académicas melhoraria significativamente se o acesso nos departamentos e nos centros de investigação fosse mais fácil.
faculdades. Omotayo (2006) estudou a utilização da Internet pelos estudantes da Universidade Obafemi Awolowo, Ile Ife, e verificou que 89,9% dos estudantes utilizavam a Internet, com acesso principalmente através de cibercafés, sendo os principais obstáculos à utilização efectiva da Internet a lentidão do servidor e o pagamento do tempo de acesso. Ojokoh e Asaolu (2005) estudaram o acesso e a utilização da Internet pelos estudantes da Universidade Federal de Tecnologia de Akure e concluíram que apenas 3,4% dos inquiridos não utilizavam a Internet. Os cibercafés eram a fonte mais comum de acesso à Internet e a maioria dos inquiridos tinha adquirido conhecimentos de Internet

através das aulas dos seus amigos. Anasi (2006) estudou o padrão de utilização da Internet pelos estudantes da Universidade de Lagos e concluiu que os estudantes de Direito e de Educação utilizavam muito pouco a Internet, embora a utilização da Internet tivesse um impacto muito significativo nas suas carreiras académicas.

Além disso, Mishra (2009) estudou a utilização da Internet na Universidade de Maiduguri, na Nigéria. Os resultados mostraram que a Internet era muito importante para 60,8% dos inquiridos, 74,6% dos quais a utilizavam para fins de investigação; 71,5% citaram o Google como o seu motor de pesquisa preferido e concluíram que deveriam ser criados os meios necessários para permitir que os professores e os estudantes utilizassem da melhor forma os recursos de informação disponíveis na Internet.

Os investigadores também analisaram atentamente os hábitos de utilização da Internet. Os relatórios sobre a utilização da Internet entre os estudantes universitários revelaram que a utilização da Internet entre os estudantes nos EUA era elevada, com 76% dos estudantes a utilizarem a Internet há mais de três anos, 49% a terem acesso à Internet na escola e 47% em casa, a passarem uma média de duas horas por dia em linha e a principal finalidade da utilização da Internet ser a aprendizagem e a procura de recursos académicos Robinson, (2005). Kaur e Manhas (2008) também realizaram um inquérito sobre a utilização de serviços e recursos da Internet por estudantes e professores de escolas técnicas superiores nos estados indianos de Punjab e Haryana e concluíram que todos os inquiridos (professores e estudantes) utilizavam frequentemente a Internet porque tinham acesso a ela na escola ou em casa. Mais de 75% dos inquiridos utilizam a

Serviços Internet para fins educativos e de investigação. O tipo de acesso também foi importante: o Google e o Yahoo foram mais utilizados do que outros motores de busca.

Num outro ano, Malik e Mahmood (2009) efectuaram um estudo sobre o comportamento de pesquisa na Internet dos estudantes da Universidade de Punjab. Verificaram que 59,5% dos estudantes utilizavam a Internet para procurar documentos para as suas necessidades de informação em casa, 25% na universidade, 15% tanto em casa como na universidade e 0,5% em alguns outros locais. A maioria dos estudantes (67,5%) utilizava a Internet diariamente; 72,5% da população utilizava a Internet para pesquisa, 76,5% para educação, 68% para entretenimento, 18,5% para desporto e 6% para compras. O Google foi o motor de pesquisa mais utilizado (97%), seguido do Yahoo (72%). No entanto, o estudo salientou uma série de limitações enfrentadas pelos estudantes, como a lentidão, o excesso de informação, a informação irrelevante e a má qualidade.

2.9 Modelo de Aceitação de Tecnologia (TAM)

O Modelo de Aceitação Tecnológica (TAM) foi introduzido por Davis (1989) e é uma adaptação da Teoria da Ação Fundamentada (TRA), especificamente adaptada para modelar a aceitação dos sistemas de informação pelos utilizadores. O objetivo do TAM é fornecer uma explicação geral dos factores determinantes da aceitação de computadores que possa explicar o comportamento dos utilizadores numa vasta gama de tecnologias informáticas e populações de utilizadores finais, sendo ao mesmo tempo parcimonioso e teoricamente sólido. Idealmente, seria desejável dispor de um modelo que fosse útil não só para prever, mas também para explicar, de modo a que os investigadores e os profissionais pudessem perceber por que razão um determinado sistema é potencialmente inaceitável e tomar as medidas corretivas adequadas. Um dos principais objectivos do GAT é, pois, fornecer uma base para acompanhar o impacto de factores externos nas crenças, atitudes e intenções internas.

Como mostra a Figura 2.3, o TAM parte do princípio de que duas crenças específicas, a utilidade percebida (PU) e a facilidade de utilização percebida (PEOU), são determinantes do comportamento de aceitação do computador.

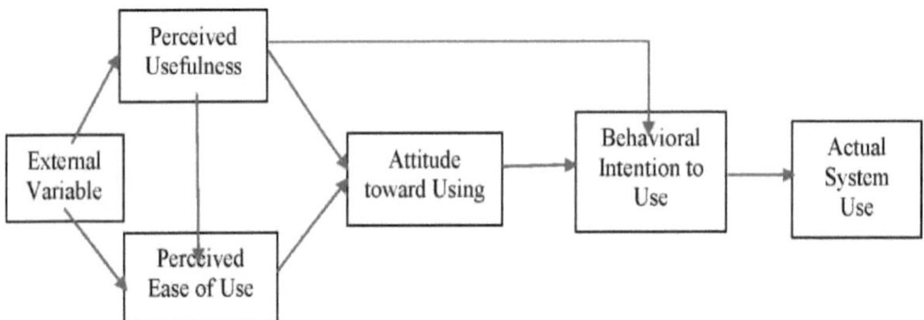

Figura 2.3: Modelo de aceitação da tecnologia: Fonte: Davis, (1989)

A PU é definida como a medida em que um potencial utilizador acredita que a utilização de um determinado sistema melhoraria o seu desempenho no trabalho. Isto decorre da definição de "útil": "capaz de ser utilizado de forma benéfica". Num contexto organizacional, as pessoas são geralmente recompensadas pelo seu bom desempenho através de aumentos, promoções, bónus e outras recompensas (Pfeffer, 1982; Vroom, 1964). Um sistema com elevada perceção de utilidade é, por sua vez, um sistema em que o utilizador acredita que existe uma relação positiva entre a utilização e o desempenho.

PEOU refere-se ao grau em que um potencial utilizador acredita que a utilização de um determinado sistema será fácil. Este facto decorre da definição de "facilidade":

"ausência de dificuldade ou esforço significativo". O esforço é um recurso finito que uma pessoa pode utilizar para diferentes actividades pelas quais é responsável. Davis (1989) definiu PEOU como "a medida em que uma pessoa acredita que a utilização de um determinado sistema é fácil". Um dos obstáculos à utilização dos TAM é o problema da sua aplicação fora do local de trabalho. Isto deve-se ao facto de os construtos básicos dos TAM não reflectirem totalmente a diversidade dos ambientes de trabalho dos utilizadores. Dishaw e Strong (1999) referiram que um dos pontos fracos do TAM é a sua falta de orientação para as tarefas. Para aumentar a validade externa do TAM, é necessário

É necessário um estudo mais aprofundado da natureza e das influências específicas dos factores tecnológicos e de utilização que podem afetar a aceitação dos utilizadores. O TAM tem sido utilizado para estudar a aceitação da Internet pelos utilizadores. Lederer *et al* (2000), por exemplo, recolheram dados de 163 inquiridos num inquérito por correio eletrónico que utilizavam a Internet para tarefas relacionadas com o trabalho. As suas análises mostraram que o GAT era apoiado quando a utilização, medida pela frequência de utilização numa escala de sete pontos, diminuía com a utilidade e a facilidade de utilização.

2.10 Teoria da Ação Fundamentada (TRA)

A teoria da ação reflexiva é um modelo amplamente estudado na psicologia social que trata dos determinantes do comportamento deliberadamente intencional (Ajzen e Fishbein, 1980; Fishbein e Ajzen, 1975). Utiliza variáveis de atitude, influência social e intenção para prever o comportamento. A Figura 2.4 é uma representação esquemática das relações entre os construtos da TRA. A TRA baseia-se na hipótese de que a intenção comportamental (BI) de um indivíduo de realizar um comportamento é determinada conjuntamente pela atitude em relação ao comportamento (ATB) e pela norma subjectiva (SN), ou seja, a perceção global do que os outros pensam que o indivíduo deve ou não deve fazer.

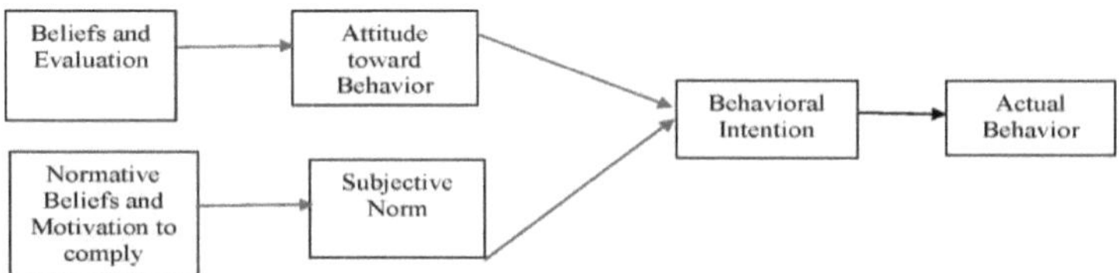

Figura 2.4: Teoria da ação guiada pela razão: fonte: Fishbein e Ajzen, 1975
A importância da ATP e do SN na previsão do IB varia consoante o domínio

comportamental. Para os comportamentos em que a influência da atitude ou da pessoa é mais forte (por exemplo, comprar coisas para uso próprio), a ATP será o principal fator de previsão do IB e o SN terá pouco ou nenhum poder de previsão. Para os comportamentos que têm uma forte influência normativa (por exemplo, comprar algo que os outros vão utilizar), a SN deve ser o principal fator de previsão da BI, enquanto a ATB terá menos importância (Ajzen e Fishbein, 1980).

A teoria da ação racional também pressupõe que a BI é a única condição prévia direta para o comportamento real (AB). Espera-se que a IB possa prever com exatidão o AB se as três condições de fronteira mencionadas por Fishbein e Ajzen (1975) forem cumpridas: (a) o grau de concordância entre a medida da intenção e o critério comportamental em termos de especificidade da ação, objetivo, contexto e momento; (b) a estabilidade das intenções entre o momento da medição e a execução do comportamento; e (c) o grau em que a execução da intenção está sob o controlo do indivíduo (ou seja, o indivíduo pode decidir à vontade se executa ou não o comportamento).

Além disso, a TRA é um modelo geral que não especifica as crenças relevantes para um determinado comportamento. Os investigadores que utilizam a TRA devem, em primeiro lugar, determinar as crenças que são importantes para os sujeitos no que respeita ao comportamento a estudar. Fishbein e Ajzen (1975) e Ajzen e Fishbein (1980) sugerem a identificação de cinco a nove crenças salientes através de entrevistas abertas com membros representativos da população em causa. Recomendam a utilização de crenças salientes "modais" para a população, obtidas a partir das crenças mais frequentemente expressas por uma amostra representativa da população. A TRA tem sido aplicada com sucesso numa grande variedade de situações para prever o desempenho de comportamentos e intenções. Por exemplo, a TRA previu as vendas (Prestholdt et al., 1987), a educação (Fredricks e Dossett, 1983) e o rastreio do cancro da mama (Timko, 1987). Além disso, a TRA tem sido utilizada para prever intenções comportamentais na aceitação de tecnologias (Davis e Davis, 2003). Numa meta-análise da investigação sobre

A Teoria da Ação Fundamentada (Sheppard et al., 1988) concluiu que o valor preditivo da TRA era elevado em todas as condições.

2.11 Modelo de sistema de informação

O estudo adaptou o submodelo de sistema de informação de Seddon (1997) e Delone e McLean (2003). Seddon (1997) afirmou que, num determinado sistema, tanto a qualidade do sistema como a qualidade da informação são importantes. Além disso, a qualidade do sistema e a qualidade da informação têm uma influência aleatória nos outros dois construtos do seu modelo, nomeadamente a utilidade percebida e a satisfação do utilizador. Estes dois constructos também têm influência na utilidade líquida do sistema utilizado. Modificando Seddon (1997), Delone e McLean (2003) acrescentaram aos dois principais constructos de Seddon (1997) - qualidade do sistema e qualidade da informação - a qualidade do serviço como componente do sistema de informação. A qualidade da informação é definida como o que pode ser avaliado em termos da informação produzida pelo sistema de informação e o grau em que este produto de informação satisfaz as necessidades do utilizador em termos de exatidão, fiabilidade, relevância, exaustividade, precisão, atualidade e concisão (Floropoulos, Spathis, Halvatzis e Tsipourido 2010). A qualidade do sistema refere-se à qualidade com que o sistema transmite símbolos de comunicação e resulta da interação contínua com o sistema no desempenho de uma tarefa específica (Maes e Poels, 2007).

A qualidade do serviço é o apoio global prestado pelo prestador de serviços e aplica-se independentemente de quem prestou o apoio (DeLone e McLean, 2003, Floropoulas et al, 2010). A utilidade percebida indica a medida em que uma pessoa acredita que a utilização de um determinado sistema de informação melhoraria a sua vantagem competitiva num sistema (Seddon, 1997). A satisfação do utilizador é a soma dos sentimentos e atitudes de um indivíduo em relação a uma multiplicidade de factores que influenciam uma determinada situação (Seddon, 1997).

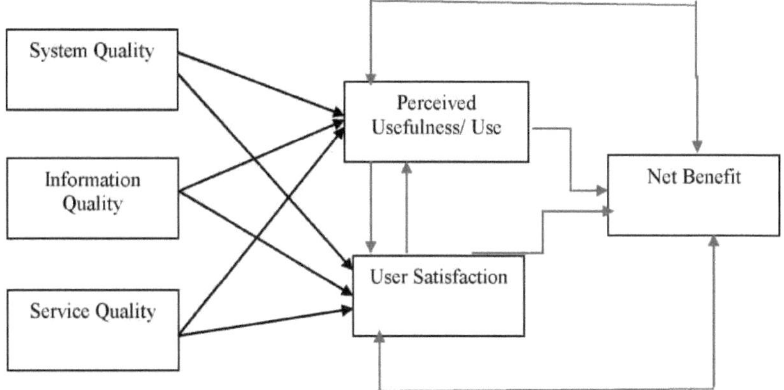

Figura 2.5: Sistema de informação atualizado por Delone e Maclean (2003) Sucesso Modelo

2.12 Quadro concetual

O estudo baseia-se na premissa de que os factores do sistema de um navegador Web podem ter uma influência significativa na perceção da utilidade e da facilidade de utilização. Os factores individuais também podem ter alguma influência na perceção da utilidade e da facilidade de utilização. As normas subjectivas podem influenciar a preferência por um programa de navegação Web. A perceção da utilidade de um programa de navegação Web também é importante, pois pode influenciar a preferência por um programa de navegação Web. A perceção da facilidade de utilização, que também é uma construção, pode igualmente ter influência.

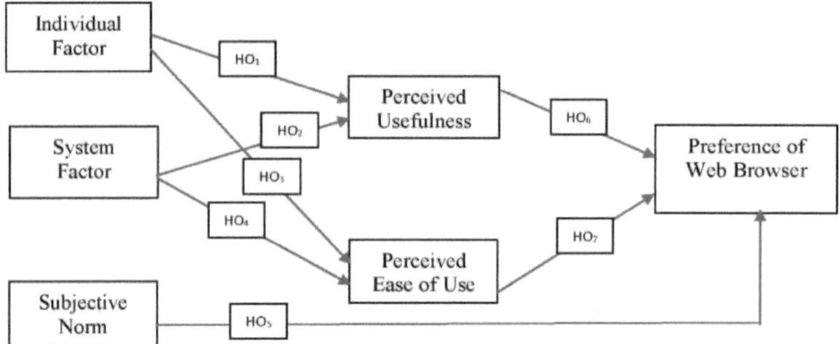

Figura 2.6: O modelo de pesquisa

influência significativa na preferência pelo navegador Web. É possível que exista uma ligação entre a perceção de utilidade e a perceção de facilidade de utilização e a preferência pelo navegador Web. O modelo de investigação proposto para o estudo é apresentado na Figura 2.6.

2.13 Resumo da revisão da literatura

A Internet é um mecanismo global de difusão de informação e um meio de colaboração e interação entre indivíduos e os seus computadores, independentemente da sua localização geográfica. A Internet tornou-se parte integrante das nossas vidas e um meio importante, se não indispensável, de informação e comunicação (Fallows, 2005). A utilização da Internet para fins comerciais levou ao desenvolvimento de serviços de redes privadas competitivas e à criação de produtos comerciais, como os navegadores Web. Conhecer e compreender o que os diferentes tipos de programas de navegação oferecem facilita a escolha do melhor programa de navegação para o PC do utilizador.

Os principais navegadores utilizados atualmente são o Internet Explorer da Microsoft, o Firefox da Mozilla, o Chrome da Google, o Opera da Opera e o Safari da

Apple.

Muitos destes programas de navegação têm caraterísticas diferentes que incentivam os utilizadores individuais a aceitá-los e a utilizá-los. O Google Chrome domina o mercado dos programas de navegação com (55,8%), seguido do Firefox com (26,8%), do Internet Explorer com (9,6%), do Safari com (3,8%) e do Opera com (1,9%) de quota de mercado em dezembro de 2013.

Além disso, os estudos demonstraram que são necessários determinados factores para estudar o comportamento dos consumidores, como a aceitação dos navegadores Web. Estes factores incluem factores sistémicos, factores individuais, factores sociais, factores económicos e outros. Seddon (1997) concluiu que, num determinado sistema, tanto a qualidade do sistema como a qualidade da informação são importantes. Delone e McLean (2003) acrescentaram a qualidade do serviço aos dois principais constructos de Seddon (1997): qualidade do sistema e qualidade da informação. Os factores individuais também desempenham um papel importante na influência do comportamento de compra do consumidor. As decisões de um comprador são também influenciadas por caraterísticas pessoais, como a idade e a fase de vida do comprador, a ocupação, a situação económica, o estilo de vida, bem como a personalidade e o autoconceito (Yakup & Jablonsk (2012)).

A utilidade percebida (PU) é definida como a medida em que um potencial utilizador acredita que a utilização de um determinado sistema melhoraria o seu desempenho no trabalho. Isto decorre da definição da palavra "útil": "capaz de ser utilizado de forma benéfica". Num contexto organizacional, as pessoas são geralmente recompensadas pelo seu bom desempenho através de aumentos, promoções, bónus e outras recompensas (Pfeffer, 1982; Vroom, 1964). Um sistema com elevada perceção de utilidade é, por sua vez, um sistema em que o utilizador acredita numa relação positiva entre a utilização e o desempenho. A facilidade de utilização percebida (PEOU) refere-se ao grau em que um potencial utilizador acredita que a utilização de um determinado sistema será fácil. Este conceito deriva da definição de "facilidade" como "a ausência de dificuldade ou esforço significativos". O esforço é um recurso finito que uma pessoa pode utilizar para diferentes actividades pelas quais é responsável. Davis (1989) definiu PEOU como "a medida em que uma pessoa acredita que a utilização de um determinado sistema é fácil".

A teoria da ação reflexiva é um modelo amplamente estudado na psicologia social que trata dos determinantes do comportamento deliberadamente intencional (Ajzen e

Fishbein, 1980; Fishbein e Ajzen, 1975). Utiliza variáveis de atitude, influência social e intenção para prever o comportamento. A teoria da ação racional postula que a intenção comportamental (IC) de um indivíduo para realizar um comportamento é determinada conjuntamente pela atitude em relação à realização do comportamento (ATB) e pela norma subjectiva (SN), ou seja, a perceção geral do que os outros relevantes pensam que o indivíduo deve ou não deve fazer. Para tal, este estudo examinou os factores individuais, sistémicos e sociais que afectam a preferência pelo navegador Web entre os estudantes da Universidade de Ibadan, na Nigéria.

CAPÍTULO TRÊS
METODOLOGIA

3.0 Introdução

Este capítulo descreve a conceção da investigação e a população estudada. Apresenta também o processo de amostragem e justifica os instrumentos de recolha de dados utilizados. Finalmente, apresenta os métodos de análise estatística utilizados para avaliar os resultados do estudo.

3.1 Conceção da investigação

Um plano de investigação é o esboço de um estudo que fornece o quadro geral para a recolha de dados (Verhonic & Seaman, 1978). É um plano ou um esboço do que o investigador vai fazer. Em particular, ajuda a organizar as ideias e a maximizar a fiabilidade dos resultados (Sridhar, 2008). O método de conceção da investigação utilizado neste estudo foi um inquérito social para avaliar os factores individuais e sistémicos que influenciam a preferência e a utilização do navegador Web entre os estudantes da Universidade de Ibadan. De acordo com Aina (2002), os inquéritos sociais são utilizados para solicitar as opiniões dos indivíduos sobre uma determinada questão. Foi escolhido um modelo de inquérito porque a população-alvo é composta por indivíduos sobre os quais podem ser medidas diferentes variáveis através de perguntas e as relações entre variáveis podem ser estudadas através de análises posteriores.

3.2 Local e população do estudo

A Internet é parte integrante da vida dos estudantes, que a utilizam com mais frequência para navegar em vários sítios académicos e de rede, para obter e divulgar materiais, documentos e informações, e muito mais. O grupo-alvo deste estudo são os estudantes da Universidade de Ibadan, no Estado de Oyo.

Sendo uma universidade de referência, a Universidade de Ibadan oferece cursos de licenciatura e pós-graduação e também gere um centro de ensino à distância para vários cursos de licenciatura e cursos.

3.3   Dimensão da amostra e técnicas de amostragem

Neste estudo, foi utilizado um método de amostragem em várias fases. Foram selecionadas todas as faculdades académicas e os inquiridos de cada faculdade foram escolhidos proporcionalmente à sua dimensão, de acordo com o princípio da amostragem aleatória. A distribuição das cópias do questionário é apresentada na Tabela 3.1.

Quadro 3.1: Distribuição do questionário pelas faculdades

S/N	Faculty/Institute/Centre	Population	Questionnaire allocated to faculty
1	Abadina Media Resource	20	1
2	ARCIS	159	4
3	Agriculture and Forestry	2210	61
4	Arts	2788	77
5	Basic Medical Science	890	25
6	Centre for Peace and Conflict Studies	22	1
7	CESDEV	18	1
8	Clinical Science	1364	38
9	Dentistry	239	7
10	Education	3383	93
11	Institutes of Africa Studies	266	7
12	Institutes of Education	91	2
13	Law	672	19
14	Pharmacy	464	13
15	Public Health	563	16
16	Sciences	3582	99
17	Social Sciences	2520	70
18	Technology	1818	50
19	Veterinary Medicine	567	16
	Total	21636	600

A terceira coluna (número de questionários atribuídos às faculdades) do quadro 3.1 foi deduzida a partir das seguintes relações matemáticas e lógicas.

Questionário atribuído $(X) = (A/B) * 600$

Onde

A = população estudantil total da faculdade

B = população total de estudantes da universidade.

No total, foram entrevistadas 600 pessoas no âmbito do estudo. Os questionários foram distribuídos aos inquiridos em todas as faculdades, utilizando um método de amostragem conveniente.

3.4 Variáveis e medidas

As variáveis utilizadas neste estudo são factores individuais, como as caraterísticas demográficas (variável independente), as atitudes dos estudantes em relação ao navegador Web (variável independente), factores do sistema, como a qualidade do sistema e a qualidade do serviço (variável independente), a facilidade de utilização percebida e a utilidade percebida (variável independente/variável dependente), as normas subjectivas (variável independente) e a preferência pelo navegador Web (variável dependente). O instrumento de Segev (1987) foi utilizado para medir estas variáveis, que foram avaliadas numa escala de Likert. A escala de Likert variava de 1 a 4 (discordo totalmente a concordo totalmente).

3.5 Validade do instrumento

A validade dos instrumentos de investigação é garantida pela sua estruturação de acordo com os constructos constantes dos objectivos, das questões de investigação e das hipóteses do estudo. Uma vez estruturado o questionário, o orientador submeteu-o a uma análise de face e de conteúdo, tendo em conta os objectivos, as questões de investigação e as hipóteses do estudo, mas também a sua precisão na medição dos constructos do estudo.

3.6 Procedimento de recolha de dados

Os dados para este estudo serão recolhidos principalmente no terreno pelo investigador e por outros assistentes de investigação contratados para apoiar o trabalho de campo. A utilização de assistentes de investigação deverá acelerar o trabalho devido a limitações de tempo. Aquando da recolha de dados, o investigador (incluindo os assistentes de investigação) começaria por explicar o objetivo do estudo ao chefe de departamento selecionado e apresentaria uma carta de apresentação da ARCIS e o cartão de identificação do investigador para mostrar que é estudante. Uma vez concedida a autorização, o investigador e os assistentes apresentavam e explicavam o estudo aos inquiridos selecionados e entregavam-lhes os questionários.

3.7   Considerações éticas

Os inquiridos darão o seu consentimento informado e serão informados do objetivo do estudo. O investigador receberá também uma carta introdutória da ARCIS dirigida aos reitores/HODs das faculdades selecionadas com interesse no estudo. O questionário será entregue aos inquiridos depois de os reitores das faculdades e os inquiridos selecionados terem dado o seu acordo.

3.8   Método de análise de dados

Os dados recolhidos através do questionário são avaliados quantitativamente. Isto implica a utilização da frequência e da percentagem. Além disso, o estudo utilizou a regressão logística com um nível de significância de 0,05 para examinar a relação entre as variáveis. Isto foi feito devido ao método não paramétrico de recolha de dados.

QUARTO CAPÍTULO
ANÁLISE E DISCUSSÃO DOS DADOS

4.0 Introdução

Este capítulo apresenta os resultados do estudo. Está dividido em três secções principais: a primeira secção contém os resultados, a segunda secção os testes de hipóteses e a última secção a discussão.

4.1 Apresentação dos resultados

4.1.1 Caraterísticas demográficas dos inquiridos

Esta secção apresenta as caraterísticas demográficas dos estudantes. O perfil demográfico dos estudantes é apresentado no Quadro 4.1.

Os resultados mostraram que os inquiridos com idades compreendidas entre os 25 e os 30 anos tinham a percentagem mais elevada de 40,6 anos, enquanto os inquiridos com menos de 18 anos tinham a percentagem mais baixa de 4,2 anos. A ciência teve a percentagem mais elevada de 16,7, enquanto o Centro de Recursos de Comunicação Social de Abadina, o Centro para a Paz e os Conflitos e o CESDEV tiveram cada um a percentagem mais baixa de 0,2. Os inquiridos de nível 300 têm a percentagem mais elevada (26,6), enquanto os inquiridos de nível 500 e 700 representam apenas 3,2%. Além disso, os inquiridos com mais de quatro anos de experiência na utilização da Internet têm a percentagem mais elevada (53,8), enquanto os inquiridos com menos de um ano de experiência na utilização da Internet têm uma percentagem muito baixa (1,2%).

O resultado também mostra que os homens têm mais experiência de utilização da Internet do que as mulheres, com 55% dos homens a terem mais de 4 anos de experiência de utilização da Internet, em comparação com 51,4% das mulheres nesta categoria. No entanto, a percentagem de pessoas com 3-4 anos de experiência de utilização da Internet é mais elevada entre as mulheres (36,2%) do que entre os homens (33,1%).

Quadro 4.1: Perfil demográfico dos inquiridos

	Sex of Respondents				Total	
	Female		Male			
	Freq	Percent	Freq	Percent	Freq	Percent
Age of Respondents:						
Below 18	17	6.2%	8	2.5%	25	4.2%
19-24	96	34.8%	123	39.0%	219	37.1%
25-30	116	42.0%	124	39.4%	240	40.6%
Above 30	47	17.0%	60	19.0%	107	18.1%
Total	276	100.0%	315	100.0%	591	100.0%
Faculty of Respondents:						
Abadina	1	.4%	0	.0%	1	.2%
ARCIS	3	1.1%	1	.3%	4	.7%
ARTS	37	13.4%	40	12.6%	77	13.0%
Agric Sci	33	12.0%	28	8.8%	61	10.3%
Basic Med	12	4.3%	13	4.1%	25	4.2%
Centre for Peace	1	.4%	0	.0%	1	.2%
CESDEV	1	.4%	0	.0%	1	.2%
Clinical Sci	21	7.6%	17	5.4%	38	6.4%
Education	45	16.3%	48	15.1%	93	15.7%
Dentistry	2	.7%	5	1.6%	7	1.2%
Inst of African Studies	2	.7%	5	1.6%	7	1.2%
Inst of Educ	0	.0%	2	.6%	2	.3%
Law	8	2.9%	5	1.6%	13	2.2%
Pharmacy	6	2.2%	7	2.2%	13	2.2%
Public Health	8	2.9%	8	2.5%	16	2.7%
Sciences	40	14.5%	59	18.6%	99	16.7%
Social Science	31	11.2%	39	12.3%	70	11.8%
Technology	16	5.8%	34	10.7%	50	8.4%
Vet Medicine	9	3.3%	6	1.9%	15	2.5%
Total	276	100.0%	317	100.0%	593	100.%
Level of Respondents:						
100 Level	35	12.7%	22	7.0%	57	9.6%
200 Level	63	22.8%	77	24.4%	140	23.7%
300 Level	61	22.1%	96	30.5%	157	26.6%
400 Level	73	26.4%	66	21.0%	139	23.5%
500 Level	7	2.5%	12	3.8%	19	3.2%
700 Level	24	8.7%	36	11.4%	60	10.2%
800 Level	13	4.7%	6	1.9%	19	3.2%
Total	276	100.0%	315	100.0%	591	100.0%

How Long have you been using Internet?						
Less than one year	2	.7%	5	1.6%	7	1.2%
1-2 Years	32	11.6%	30	9.5%	62	10.5%
3-4 years	100	36.2%	105	33.1%	205	34.6%
More than 4 years	142	51.4%	177	55.0%	319	53.8%
Total	276	100.0%	317	10.0%	593	100.0%

4.2   Questões de investigação Análise

Esta secção contém uma análise das questões de investigação do estudo. Está dividida em oito subsecções.

4.2.1   Primeira questão de investigação: que navegadores Web são utilizados pelos estudantes da Universidade de Ibadan?

A repartição dos inquiridos de acordo com o programa de navegação Web que utilizam é apresentada no quadro 4.2.

Table 4.2:   Repartição dos navegadores Web utilizados pelos estudantes da Universidade de

Ibadan

Which of the following web browser(s) do you use?	Sex of Respondents				Total	
	Female		Male			
	Freq	Percent	Freq	Percent	Freq	Percent
Use Internet Explorer						
No	74	26.8%	98	30.9%	172	29.0%
Yes	202	73.2%	219	69.1%	421	71.0%
Total	276	100.0%	317	100.0%	593	100.0%
Use Google						
No	79	28.6%	88	27.8%	167	28.2%
Yes	197	71.4%	228	72.2%	425	71.8%
Total	276	100.0%	316	100.0%	592	100.0%
Use Mozilla						
No	31	11.6%	30	9.5%	61	10.4%
Yes	237	88.4%	287	90.5%	524	89.6%
Total	268	100.0%	317	100.0%	585	100.0%
Use Opera						
No	60	22.4%	62	20.0%	122	21.1%
Yes	208	77.6%	248	80.0%	456	78.9%
Total	268	100.0%	310	100.0%	578	100.0%

Os resultados mostraram que o Mozilla foi o mais utilizado (89,6%) pelos estudantes da Universidade de Ibadan, seguido do Opera com 78,9%.

4.2.2 Segunda questão de investigação: Quais são os navegadores Web preferidos dos estudantes da Universidade de Ibadan?

A Tabela 4.3 mostra a distribuição dos inquiridos de acordo com o seu programa de navegação preferido.

Table 4.3:   Repartição dos navegadores Web preferidos pelos estudantes no Universidade de Ibadan

Which of the following web browser(s) do you prefer?	Sex of Respondents				Total	
	Female		Male			
	Freq	Percent	Freq	Percent	Freq	Percent
Which of the following do you prefer?						
Explorer	33	12.0%	19	6.0%	52	8.8%
Google	31	11.2%	68	21.5%	99	16.7%
Opera	54	19.6%	52	16.4%	106	17.9%
Mozilla	158	57.2%	178	56.2%	336	56.7%
Total	276	100.0%	317	100.0%	593	100.0%
Preference rate of Explorer						
very Low	6	2.2%	15	4.9%	21	3.6%
Low	75	27.5%	53	17.3%	128	22.1%
Average	77	28.2%	122	39.9%	199	34.4%
High	75	27.5%	80	26.1%	155	26.8%
Very high	40	14.7%	36	11.8%	76	13.1%
Total	273	100.0%	306	100.0%	579	100.0%
Preference rate of Google						
very Low	20	7.4%	12	3.8%	32	5.4%
Low	47	17.3%	50	15.8%	97	16.5%
Average	59	21.7%	82	25.9%	141	24.0%
High	100	36.8%	101	32.0%	201	34.2%
Very high	46	16.9%	71	22.5%	117	19.9%
Total	272	100.0%	316	100.0%	588	100.0%
Preference rate of Mozilla						
very Low	3	1.1%	5	1.6%	8	1.4%
Low	9	3.3%	14	4.5%	23	3.9%
Average	28	10.3%	19	6.1%	47	8.0%
High	102	37.4%	150	47.8%	252	42.9%
Very high	131	48.0%	126	40.1%	257	43.8%

	273	100.0%	314	100.%	587	100.0%
Total						
Preference rate of Opera						
very Low	9	3.3%	14	4.5%	23	3.9%
Low	22	8.1%	40	12.8%	62	10.6%
Average	106	39.0%	102	32.6%	208	35.6%
High	74	27.2%	89	28.4%	163	27.9%
Very high	61	22.5%	68	21.7%	129	22.1%
Total	272	100.0%	313	100.0%	585	100.0%

Os resultados mostraram que uma percentagem elevada preferia o Mozilla (56,7%), enquanto uma percentagem muito baixa preferia o Explorer (8,8%). O Google (16,7%) e o Opera (17,9%) foram quase igualmente preferidos. Os resultados também mostraram que as mulheres (57,2%) e os homens (56,2%) preferiam o Mozilla a outros navegadores.

4.3 Preparação   dos dados para análise posterior

Para todas as variáveis do estudo, a escala de Likert (concordo totalmente, discordo totalmente, discordo totalmente e discordo totalmente) foi recodificada para formar duas classificações. Concordo fortemente" e "concordo" foram recodificados como "concordo", enquanto "discordo", "discordo fortemente" e "discordo" foram recodificados como "discordo".

4.3.1   Definições dos alunos para os navegadores Web

A frequência das atitudes dos inquiridos em relação aos navegadores Web é apresentada na Tabela 4.4.

Table 4.4: Distribuição das atitudes dos inquiridos em relação aos navegadores Web

Variables	Measurement	Frequency	Percentage (%)
I have a positive attitude over my choice of web browser	Agree	523	88.2
	Disagree	70	11.8
Internet explorer is the best of the browser	Agree	214	36.3
	Disagree	376	63.7
Google chrome is the best of the browser	Agree	247	42.3
	Disagree	337	57.7
Opera is the best of the browser	Agree	285	48.1
	Disagree	307	51.8
Mozilla Firefox is the best of the browser	Agree	373	63.2
	Disagree	217	36.8
None of the browser is good	Agree	79	13.4
	Disagree	509	86.6
I like working with all of them is case one fails I can easily switch	Agree	463	78.7
	Disagree	125	21.3

Os resultados da Tabela 4.4 mostram que a maioria (88,2%) dos inquiridos tem uma atitude positiva em relação aos navegadores Web. Por outro lado, 11,8% declararam ter uma atitude negativa em relação aos programas de navegação Web. Esta atitude negativa pode ser explicada pelas imperfeições inerentes a cada navegador Web, que tornam muito difícil a realização de uma determinada tarefa num determinado momento. Dos 593 inquiridos que utilizam diferentes programas de navegação Web, a maioria (63,2%) indicou que o Mozilla Firefox era o melhor programa de navegação devido às suas caraterísticas específicas e facilidade de utilização, seguido do Opera (48,1%) e do Google Chrome (42,3%). O navegador Web menos preferido pelos inquiridos (36,3%) foi o Internet Explorer.

4.3.2 Auto-eficácia dos alunos na utilização do navegador Web

A frequência com que as pessoas foram questionadas sobre a auto-eficácia é apresentada no quadro 4.5.

Table 4.5:   Distribuição dos sentimentos de eficácia pessoal dos inquiridos

Variables	Measurement	Frequency	Percentage (%)
I am confident that I can use any browser to achieve a given task	Agree	511	86.6
	Disagree	79	13.4
There is no problem in the use of my choice of web browser	Agree	478	81.0
	Disagree	112	19.0
I am afraid that I might not be able to use any browser successfully	Agree	525	88.8
	Disagree	66	11.2
I have determined to stick to one browser	Agree	333	56.3
	Disagree	259	43.8
I don't like to Figure difficult problems with web browsers	Agree	329	55.6
	Disagree	263	44.4
I am not easily discouraged by any browser difficulty	Agree	346	59.8
	Disagree	233	40.2
I am very well satisfied with the web browser I am using	Agree	504	85.7
	Disagree	84	14.3
Other people influence me on the choice of my web browser	Agree	312	53.0
	Disagree	277	47.0
I can install web browser I want by myself (if available on the computer I use)	Agree	454	77.2
	Disagree	134	22.8

A Tabela 4.5 mostra que 86,6% dos inquiridos indicaram que se sentiam seguros quando utilizavam um programa de navegação para realizar uma determinada tarefa, enquanto um número insignificante de inquiridos (13,4%) indicou que não se sentiam seguros quando utilizavam um programa de navegação para realizar uma determinada tarefa. Além disso, a maioria dos inquiridos (81%) indicou que não tinha encontrado quaisquer problemas ao utilizar qualquer um dos programas de navegação Web, enquanto 19% disseram que tinham encontrado problemas ao utilizar alguns dos programas de navegação Web. Além disso, 88,8% dos inquiridos afirmaram estar confiantes e não ter receio de utilizar determinados programas de navegação Web, enquanto apenas 11,2% afirmaram não estar confiantes nem ter receio de utilizar determinados programas de navegação Web devido aos problemas com que se depararam. Em termos de satisfação com a utilização de um determinado programa de navegação Web, 85,7% dos inquiridos afirmaram estar satisfeitos com a sua escolha de programa de navegação, enquanto uma percentagem negligenciável de inquiridos (14,3%) afirmou não estar satisfeita com a sua escolha de programa de navegação Web.

4.3.3 Perceção de utilidade (PU) dos navegadores Web pelos estudantes

A frequência das percepções de utilidade dos inquiridos é apresentada na Tabela 4.6. O resultado mostra que 75,8% dos inquiridos concordaram que o Mozilla Firefox é um navegador Web fundamentalmente útil e fiável, 55,6% concordaram que o Google Chrome é um navegador Web fundamentalmente útil e fiável, 54,2% indicaram que o Opera

é o programa de navegação Web mais útil em que se pode confiar e o programa de navegação Web menos útil é o Internet Explorer (54,1%). No entanto, apenas 22,7% dos inquiridos concordam que não existem navegadores Web em que se possa confiar.

Quadro 4.6: Distribuição das percepções de utilidade dos inquiridos

Variables	Measurement	Frequency	Percentage (%)
Google Chrome is an essential useful web browser to depend on	Agree	329	55.6
	Disagree	263	44.4
Mozilla Firefox is an essential useful web browser to depend on	Agree	449	75.8
	Disagree	143	24.2
Internet explorer is an essential useful web browser to depend on	Agree	272	54.1
	Disagree	320	45.9
Opera is an essential useful web browser to depend on	Agree	318	54.2
	Disagree	269	45.8
There is none of the web browser that is worthy of depending on	Agree	134	22.7
	Disagree	457	77.3

4.3.4 *Facilidade de utilização percebida (PEOU) dos navegadores Web para os estudantes*

A Tabela 4.7 mostra que, dos quatro navegadores web, a maioria dos inquiridos (83,5%) afirmou que o Mozilla Firefox era fácil de utilizar em comparação com outros navegadores web, logo a seguir ao Google Chrome (51,5%), seguido do Opera (47,9%) e do Internet Explorer (46,9%). Em termos de dificuldades de navegação, a maioria dos inquiridos (75,9%) indicou que o Mozilla Firefox apresenta menos dificuldades do que os outros navegadores, logo a seguir ao Opera (56,1%), seguido do Google Chrome (48,8%) e do Internet Explorer (44,8%).

Quadro 4.7: Repartição dos inquiridos quanto à perceção da facilidade de utilização

Variables	Measurement	Frequency	Percentage (%)
Google Chrome is easy to use compared with other browsers	Agree	305	51.5
	Disagree	287	48.5
Mozilla Firefox is easy to use compared with other browsers	Agree	492	83.5
	Disagree	97	16.5
Internet explorer is easy to use compared with other browsers	Agree	277	46.9
	Disagree	313	53.1
Opera is easy to use compared with other browsers	Agree	282	47.9
	Disagree	307	52.1
Google Chrome reduces browsing difficulties compared with other browsers	Agree	286	48.8
	Disagree	300	51.2
Mozilla Firefox reduces browsing difficulties compared with other browsers	Agree	448	75.9
	Disagree	140	23.7
Internet explorer reduces browsing difficulties compared with other browsers	Agree	261	44.8
	Disagree	322	55.2
Opera reduces browsing difficulties compared with other browsers	Agree	331	56.1
	Disagree	259	43.9

4.3.5 *Expectativas subjectivas dos alunos em relação aos navegadores Web*

A frequência com que as pessoas foram questionadas sobre padrões subjectivos é apresentada no Quadro 4.8.

Quadro 4.8: Distribuição dos inquiridos de acordo com as normas subjectivas

Variables	Measurement	Frequency	Percentage (%)
	Agree	332	56.4
I dislike depending on only one particular browser	Disagree	257	43.6
Most people who are important to me would approve of my using Google Chrome	Agree	328	55.3
	Disagree	265	44.7
Most people who are important to me would approve of my using Mozilla Firefox	Agree	391	65.9
	Disagree	202	34.1
Most people who are important to me would approve of my using Internet explorer	Agree	318	53.6
	Disagree	275	46.4
Most people who are important to me would approve of my using Opera	Agree	320	54.1
	Disagree	270	45.7
	Agree	416	71.1
I don't depend on any one to make a choice of web browser.	Disagree	169	28.9

O Quadro 4.8 mostra que 56,4% dos inquiridos indicaram que não dependiam de um único programa de navegação para navegar na Internet. Este facto pode ser explicado pelas vantagens de um navegador em relação a outro. Em todo o caso, dos quatro navegadores Web, a maioria dos inquiridos (65,9%) afirmou que a maior parte dos seus entes queridos aprovaria a utilização do Mozilla Firefox (65,9%), do Google Chrome (55,3%), seguido do Opera (54,1%) e do Internet Explorer (53,6%).

4.3.6 *Qualidade do sistema de navegação*

A frequência com que as pessoas foram questionadas sobre a qualidade do sistema é apresentada no quadro 4.9.

Quadro 4.9: Repartição dos inquiridos sobre a qualidade do sistema

Variables	Measurement	Frequency	Percentage (%)
Google Chrome ensures better and easy navigation during browsing than other browsers	Agree	326	55.2
	Disagree	264	44.7
Mozilla Firefox ensures better and easy navigation during browsing than other browsers	Agree	422	71.2
	Disagree	171	28.8
Internet Explorer ensures better and easy navigation during browsing than other browsers	Agree	337	56.8
	Disagree	256	43.2
Opera ensures better and easy navigation during browsing than other browsers	Agree	343	57.8
	Disagree	250	42.2
There is always web crash when using Google Chrome during browsing than other browsers	Agree	308	51.9
	Disagree	285	48.1
There is always web crash when using Mozilla Firefox during browsing than other browsers	Agree	284	48.5
	Disagree	301	51.5
There is always web crash when using Internet Explorer during browsing than other browsers	Agree	387	65.3
	Disagree	206	34.7
There is always web crash when using Opera during browsing than other browsers	Agree	300	50.7
	Disagree	290	49.0
Google Chrome prevent malware from installing on my system than other browsers	Agree	349	58.9
	Disagree	244	41.1
Mozilla Firefox prevent malware from installing on my system than other browsers	Agree	377	63.7
	Disagree	215	36.3
Internet Explorer prevent malware from installing on my system than other browsers	Agree	312	52.6
	Disagree	281	47.4

A Tabela 4.9 mostra que, dos quatro navegadores Web, a maioria dos inquiridos (71,2%) afirmou que o Mozilla Firefox proporcionava uma navegação melhor e mais fácil do que os outros navegadores, seguido do Opera (57,8%), do Internet Explorer (56,8%) e do Google Chrome. (55.2%). Em termos de falhas na Web, o Mozilla Firefox foi considerado pelos inquiridos (48,5%) como menos propenso a falhas, a par do Opera (50,7%), seguido do Google Chrome (51,9%) e do Internet Explorer (65,3%).

4.3.7 Qualidade de serviço para navegadores Web

Quadro 4.10: Repartição dos inquiridos sobre a qualidade do serviço

	Sex of Respondents				Total	
	Female		Male			
	Freq	Percent	Freq	Percent	Freq	Percent
Google Chrome is quick to start up compared with other web browsers						
Disagreed	109	39.5%	145	45.7%	254	42.8%
Agreed	167	60.5%	172	54.3%	339	57.2%
Total	276	100.0%	317	100.0%	593	100.0%
Mozilla Firefox is quick to start up compared with other web browsers						
Disagreed	91	33.2%	118	37.2%	209	35.4%
Agreed	183	66.8%	199	62.8%	382	64.6%
Total	274	100.0%	317	100.0%	591	100.0%
Internet Explorer is quick to start up compared with other web browsers						
Disagreed	123	44.7%	161	50.9%	284	48.1%
Agreed	152	55.3%	155	49.1%	307	51.9%
Total	275	100.0%	316	100.0%	591	100.0%
Opera is quick to start up compared with other web browsers						
Disagreed	89	32.5%	134	42.7%	223	37.9%
Agreed	185	67.5%	180	57.3%	365	62.1%
Total	274	100.0%	314	100.0%	588	100.0%
Google Chrome loads web pages faster compared with other web browsers						
Disagreed	99	35.9%	135	42.6%	234	39.5%
Agreed	177	64.1%	182	57.4%	359	60.5%
Total	276	100.0%	317	100.0%	593	100.0%

A repartição da qualidade de serviço dos navegadores Web descrita pelos inquiridos é apresentada na Tabela 4.10. O resultado mostra que 64,6% dos inquiridos afirmaram que o Mozilla Firefox pode ser iniciado rapidamente em comparação com outros navegadores Web, com uma diferença entre mulheres (66,8%) e homens (62,8%). 62,1%

dos inquiridos afirmaram que o Opera pode ser iniciado rapidamente em comparação com outros navegadores Web, 57,2% afirmaram que o Google Chrome pode ser iniciado rapidamente em comparação com outros navegadores Web, enquanto 51,9% afirmaram que o Internet Explorer pode ser iniciado rapidamente em comparação com outros navegadores Web. Isto mostra que, entre os navegadores Web, o Mozilla Firefox tem a melhor qualidade de serviço em comparação com os outros navegadores Web utilizados neste estudo.

4.4 Fiabilidade do instrumento

A fiabilidade foi analisada utilizando o método alfa de Cronbach. De acordo com Kaplan & Saccuzzo (2001), um coeficiente de validade igual ou superior a 0,6 é considerado bom. O resultado mostrou que os construtos do instrumento eram fiáveis. A pontuação do alfa de Cronbach para os construtos de interesse no estudo foi a seguinte: utilidade percebida (.78); facilidade de utilização percebida (.69); normas subjectivas (.87); fator sistema (.78).

4.5 Regra de decisão

O nível de significância predefinido para este estudo é de 0,05. A hipótese nula pressupõe que não existe uma relação significativa entre as variáveis em análise, enquanto a hipótese alternativa pressupõe que existe uma relação significativa entre as variáveis em análise.

4.6 Teste de hipóteses

Esta secção apresenta os resultados da verificação das hipóteses nulas formuladas para este trabalho de investigação.

4.6.1 Primeira hipótese

H01: Não existe diferença significativa entre os factores individuais (sexo, idade, nível de escolaridade e anos de experiência de utilização da Internet) e a utilidade percebida dos navegadores Web.

Table 4.11: **Regressão logística entre factores individuais e utilidade percebida**

		B	S.E	Wald	df	Sig	Exp(B)	95%C.I. for Exp(B) Lower	Upper
Step a	Sex of respondents (ref. category=female)								
	Male	.087	.218	.158	1	.691	1.091	.711	1.673
	Age of respondents (ref. category= 30 and above								
	Below 18	.200	.318	.394	1	.530	1.221	.654	2.279
	19-24	.541	.344	2.475	1	.116	1.717	.876	3.368
	25- 30	-1.029	.629	2.673	1	.102	.357	.104	1.227
	Level of study (ref. category=800 level)								
	100 level	-1.469	.545	7.266	1	.007	.230	.079	.670
	200 level	-.905	.561	2.600	1	.107	.404	.135	1.216
	300 level	-1.508	.558	7.289	1	.007	.221	.074	.662
	400 level	-1.392	.813	2.930	1	.087	.249	.051	1.224
	500 level	-1.172	.655	3.199	1	.074	.310	.086	1.119
	700 level	-1.469	.545	7.266	1	.007	.230	.079	.670
	How long have you been using the Internet (ref. category = more than 4 years)								
	Less than a year	-.110	1.189	.009	1	.926	.896	.087	9.208
	1-2 years	-.110	1.155	.009	1	.924	.896	.093	8.616
	3-4 years	-.200	1.153	.030	1	.862	.819	.085	7.851
	System Factors								
	System Quality	.164	.062	6.943	1	.008	1.178	1.043	1.331
	Service Quality	-.140	.037	13.974	1	.000	.869	.808	.936
	Constant	2.973	1.753	2.877	1	.090	19.552		

Foi realizada uma regressão logística para testar a relação entre os factores individuais (sexo, idade, nível de educação e ano de experiência dos estudantes) e a utilidade percebida dos navegadores Web entre os estudantes da Universidade de Ibadan. Os testes omnibus dos coeficientes do modelo dão uma indicação geral da qualidade do modelo. Aqui, o valor do qui-quadrado é de 36,9 para 14 graus de liberdade e o modelo foi estatisticamente significativo a p<0,05 (valor p = 0,01). Os valores do R-quadrado de Cox & Snell e do R-quadrado de Nagelkerke são 0,065 e 0,099, respetivamente, indicando que entre 6,5% e 9,9% da variabilidade é explicada por este conjunto de variáveis.

O resultado do quadro 4.11 mostra que o nível de habilitações acarreta uma previsão significativa da utilidade percebida dos navegadores Web entre os estudantes da Universidade de Ibadan. O valor mostra que uma mudança no nível de habilitações dos estudantes de 100 para 800 está associada a uma mudança na perceção de utilidade dos navegadores Web. No entanto, a idade, a duração da utilização da Internet e o género dos inquiridos não têm qualquer influência significativa na utilidade percebida dos navegadores Web. Por conseguinte, rejeitamos a hipótese nula.

4.6.2 *Hipótese dois*

H02: Não existe uma relação significativa entre os factores do sistema e a utilidade percebida dos navegadores Web.

O resultado da Tabela 4.11 mostra que a qualidade do sistema e a qualidade do serviço prevêem significativamente a utilidade percebida do navegador Web ($p<0,05$). Isto significa que existe uma relação significativa entre a qualidade do sistema e a perceção de utilidade dos navegadores Web entre os estudantes da Universidade de Ibadan.

4.6.3 *Terceira hipótese*

H03: Não existe uma relação significativa entre os factores individuais (sexo, idade, nível de escolaridade e anos de experiência de utilização da Internet) e a perceção da facilidade de utilização dos navegadores Web.

Foi realizada uma regressão logística para testar a relação entre factores individuais (sexo, idade, nível de educação e ano de experiência dos estudantes) e a perceção da facilidade de utilização dos navegadores Web entre os estudantes da Universidade de Ibadan. Os testes omnibus dos coeficientes do modelo dão uma indicação geral da qualidade do modelo. Aqui, o valor do qui-quadrado é de 49,127 com 14 graus de liberdade e o modelo foi estatisticamente significativo (valor $p = 0,00$) $p<0,05$.

Table 4.12: **Regressão logística entre os factores individuais e a perceção da facilidade de utilização**

		B	S.E	Wald	df	Sig	Exp(B)	95% C.I. for Exp(B)	
								Lower	Upper
Step a	Sex of respondents (ref. category=female)								
	Male	-.512	.221	5.375	1	.020	.599	.388	.924
	Age of respondents (ref. category= 30 and above								
	Below 18	.804	.312	6.625	1	.010	2.235	1.211	4.122
	19-24	.759	.336	5.115	1	.024	2.136	1.107	4.124
	25- 30	.732	.603	1.472	1	.225	2.078	.638	6.776
	Level of study (ref. category=800 level)								
	100 level	1.098	.418	6.916	1	.009	2.999	1.323	6.797
	200 level	1.303	.417	9.777	1	.002	3.681	1.626	8.330
	300 level	1.483	.435	11.604	1	.001	4.408	1.877	10.349
	400 level	1.335	.722	3.420	1	.064	3.802	.923	15.653
	500 level	1.009	.514	3.854	1	.050	2.742	1.002	7.507
	700 level	1.270	.696	3.329	1	.068	3.561	1.121	6.86
	How long have you been using the Internet (ref. category = more than 4 years)								
	Less than a year	1.386	1.036	1.791	1	.181	4.001	.525	30.488
	1-2 years	.366	.978	.140	1	.708	1.441	.212	9.793
	3-4 years	.158	.970	.026	1	.871	1.171	.175	7.832
	System Factors								
	System Quality	-.001	.034	.002	1	.968	.999	.935	1.067
	Service Quality	-.140	.034	16.647	1	.000	.870	.813	.930
	Constant	2.810	1.573	3.193	1	.074	16.617		

Os valores do R-quadrado de Cox & Snell e do R-quadrado de Nagelkerke são 0,089 e 0,131, respetivamente, o que significa que entre 8,9% e 13,1% da variabilidade é explicada por estas variáveis.

O resultado da Tabela 4.12 mostra que o género, a idade e o nível de escolaridade predizem significativamente a facilidade de utilização percebida dos navegadores Web entre os estudantes (p<0,05). O valor mostra que uma mudança no nível de educação dos estudantes de 100 para 800 está associada a uma mudança na perceção da facilidade de utilização dos navegadores Web. No entanto, o ano em que os estudantes utilizaram a Internet não teve influência significativa na perceção da facilidade de utilização dos navegadores Web. Por conseguinte, rejeitamos a hipótese nula.

4.6.4 Quarta hipótese

H04: Não existe uma relação significativa entre os factores do sistema e a perceção da facilidade de utilização dos programas de navegação Web.

O resultado da Tabela 4.12 mostra que a qualidade do sistema não tem influência significativa na facilidade de utilização percebida dos navegadores Web (p>0,05). Isto significa que não existe uma relação significativa entre a qualidade do sistema e a perceção da facilidade de utilização dos navegadores Web entre os estudantes da Universidade de Ibadan.

4.12.5 Hipótese 5

H05: Não existe uma diferença significativa entre o padrão subjetivo e a preferência pelo navegador Web.

Table 4.13:   Análise de regressão logística entre a norma subjectiva, a utilidade percebida, a facilidade de utilização percebida e a preferência pelo navegador Web.

								95% C.I. for Exp(B)	
		B	**S.E**	**Wald**	**df**	**Sig**	**Exp(B)**	**Lower**	**Upper**
Step a	Subjective Norm	.258	.066	15.272	1	.000	1.294	1.137	1.473
	Perceived Usefulness	-.941	.190	24.480	1	.000	.390	.269	.567
	Perceived Ease of Use	-.203	.214	.902	1	.342	.816	.536	1.241
	Constant	-1.934	.671	8.300	1	.004	.145		

Foi realizada uma regressão logística para testar a relação entre factores individuais (sexo, idade, nível de educação e ano de experiência dos estudantes) e a perceção da facilidade de utilização dos navegadores Web entre os estudantes da Universidade de Ibadan. Os testes omnibus dos coeficientes do modelo dão uma indicação geral da qualidade do modelo. Aqui, o valor do qui-quadrado é de 43,6 com 3 graus de liberdade e o modelo foi estatisticamente significativo a p<0,05 (valor p = 0,00). Os valores do R-quadrado de Cox & Snell e do R-quadrado de Nagelkerke são 0,077 e 0,102, respetivamente, indicando que entre 7,7% e 10,2% da variabilidade é explicada por este conjunto de variáveis.

A Tabela 4.13 mostra que existe uma relação significativa entre as normas subjectivas e a preferência de navegação na Web dos estudantes (p<0,05). Por conseguinte, rejeitamos a hipótese nula e aceitamos a hipótese alternativa de que existe uma relação significativa entre as normas subjectivas e a preferência de navegação na Web dos estudantes da Universidade de Ibadan.

4.6.6 Pressuposto 6

H06: Não existe diferença significativa entre a perceção de utilidade e a preferência por um navegador Web.

A Tabela 4.13 mostra que existe uma relação significativa entre a utilidade percebida e a preferência dos alunos pelo navegador da Web (p<0,05). Por conseguinte, rejeitamos a hipótese nula e aceitamos a hipótese alternativa de que existe uma diferença significativa entre a utilidade percebida e a preferência dos alunos pelo navegador Web.

4.6.7 Pressuposto 7

H07: Não existe diferença significativa entre a perceção da facilidade de utilização e a preferência pelo navegador Web.

A Tabela 4.13 mostra que não existe uma relação significativa entre a perceção da facilidade de utilização e a preferência dos alunos pelo navegador Web (p>0,05). Por conseguinte, não podemos rejeitar a hipótese nula.

4.7 Discussão dos resultados

Os resultados deste estudo mostraram que havia mais estudantes com idades compreendidas entre os 25 e os 30 anos e menos estudantes com menos de 18 anos, com os estudantes de ciências a ultrapassarem os estudantes de outras faculdades. Este facto reforça a afirmação de Baran (2009) de que os mais jovens têm maior probabilidade de aceder à Internet. O número de estudantes de nível 300 era maior neste estudo. Além disso, os estudantes com mais de 4 anos de experiência de utilização da Internet estavam mais representados do que outros com menos anos de experiência. Os estudantes do sexo masculino tinham mais experiência de utilização da Internet do que os seus homólogos do sexo feminino, embora as mulheres estivessem mais representadas entre os estudantes com 3-4 anos de experiência de utilização da Internet.

A aceitação do navegador Web Opera influencia a utilização do utilizador. Além disso, o nível de preferência pelo Explorer, Google, Mozilla e Opera também tem uma influência significativa na utilização por parte dos utilizadores. Isto significa que os utilizadores que têm uma taxa de preferência mais elevada por estes navegadores Web tendem a utilizá-los mais do que outros que não os preferem. Os resultados mostraram que o Mozilla foi o mais popular e também o mais utilizado dos navegadores utilizados neste estudo, enquanto o Internet Explorer foi o menos preferido. O Google e o Opera foram quase igualmente preferidos. Por um lado, o resultado deste estudo apoia a TechMedia Network (2013) e Mitchell (2013), que citam o Mozilla como um dos dez navegadores Web mais utilizados. Por outro lado, o resultado deste estudo contradiz TechMedia Network (2013) e Mitchell (2013), que concluíram que o Google Chrome é o navegador mais utilizado, mais bem classificado e mais preferido. Este facto pode confirmar Rivera-Sanchez & Lin (2012), que concluíram que a escolha do navegador Web é considerada um mercado de navegadores Web altamente competitivo, que tem assistido à ascensão e ao declínio de diferentes navegadores Web.

A idade dos inquiridos, a faculdade dos inquiridos, o nível dos inquiridos e o sentido de auto-eficácia dos inquiridos podem influenciar significativamente a atitude dos inquiridos em relação aos programas de navegação Web. A atitude em relação aos programas de navegação Web pode ter uma influência considerável na aceitação de um programa de navegação Web. A atitude em relação aos programas de navegação foi bastante negativa, uma vez que a maioria dos estudantes afirmou que nenhum dos programas de navegação era bom, mas mesmo assim escolheram positivamente o programa de navegação que utilizavam. Embora uma percentagem muito elevada tencione utilizar frequentemente o programa de navegação da sua escolha, os alunos gostam de trabalhar com todos os programas de navegação, uma vez que podem mudar facilmente se um deles se avariar.

Este estudo complementa o trabalho de Chena & Macredie (2010), que concluíram que existia um grande número de investigações sobre a influência das diferenças de género nas atitudes dos utilizadores em relação a produtos e serviços, incluindo a utilização da Internet e dos navegadores Web, e que os estudos apresentavam resultados mistos. Este estudo mostrou que as mulheres têm uma atitude mais positiva em relação aos navegadores Web do que os homens, mas que a diferença entre os sexos não tem uma influência significativa nas atitudes em relação aos navegadores Web. O resultado deste estudo contraria as conclusões de Jackson, Ervin, Gardner e Schmitt (2001) de que existem diferenças de género nas atitudes dos utilizadores.

No entanto, o resultado deste estudo contrasta com Liaw (2002) e Koohang (2004), que verificaram que os estudantes do sexo masculino tinham uma atitude mais positiva em relação aos computadores e à Internet do que as estudantes do sexo feminino. O resultado do presente estudo corrobora estudos como os de Ory, Bullock e Burnaska (1997); Kim, Lehto e Morrison (2007); Koohang e Durante (2003), que mostraram que as mulheres têm uma atitude mais positiva do que os homens e que o género não tem influência significativa nessa atitude. Isto também apoia o ponto de vista de Ford et al (2001) de que o género é uma variável relativamente fixa que requer adaptabilidade numa perspetiva de sistemas, sugerindo que é importante desenvolver aplicações baseadas na Web para apoiar a adaptação do género.

Os resultados mostraram que um maior número de alunos estava confiante de que podia utilizar qualquer programa de navegação para realizar uma determinada tarefa, sendo que as alunas estavam mais confiantes do que os alunos. No entanto, os alunos não se depararam com problemas de maior quando utilizaram o programa de navegação Web que escolheram. Apenas alguns estavam determinados a limitar-se a um único navegador Web, enquanto muito poucos estavam preocupados com a possibilidade de não conseguirem utilizar qualquer navegador com êxito. Isto indica uma maior auto-eficácia por parte dos alunos. O resultado deste estudo contrasta com Jackson, Ervin, Gardner e Schmitt (2001), que concluíram que as mulheres tinham mais medo dos computadores e eram menos auto-eficazes na utilização dos computadores do que os homens. A auto-eficácia dos alunos pode também ter uma influência significativa na sua aceitação e utilização de um programa de navegação Web.

Verificou-se uma relação significativa entre os factores individuais (nível do aluno) e a perceção de utilidade. Também se verificou uma relação significativa entre os factores individuais (sexo, idade e nível) e a facilidade de utilização percebida. Embora não tenha havido uma relação significativa entre a facilidade de utilização percebida e a preferência dos alunos por um navegador Web, os alunos consideraram que o Mozilla Firefox era um navegador Web muito mais útil do que os outros navegadores Web, enquanto muito poucos alunos consideraram que valia a pena confiar em qualquer um dos navegadores Web.

Verificou-se uma ligação significativa entre a perceção de utilidade e a preferência dos alunos por um navegador Web. O Mozilla Firefox foi considerado o mais fácil de utilizar em comparação com outros navegadores, com as alunas a considerarem o Mozilla mais fácil de utilizar do que os alunos. Isto sugere que as estudantes do sexo feminino consideram o Mozilla mais fácil de utilizar do que os estudantes do sexo masculino.

Verificou-se uma relação significativa entre as normas subjectivas e a preferência dos alunos pelo navegador. Além disso, os alunos indicaram que a maioria das pessoas com quem se preocupam seria a favor da utilização do Mozilla Firefox em vez de outros browsers, com as alunas a concordarem mais do que os alunos. A norma subjectiva foi um fator importante a ter em conta nas atitudes das pessoas em relação ao navegador. O resultado deste estudo é consistente com o trabalho de Yakup & Jablonsk (2012), segundo o qual as pessoas de referência e os grupos familiares, entre outros, têm o potencial de moldar a atitude ou o comportamento de um indivíduo e também de influenciar o comportamento do consumidor.

Não houve uma relação significativa entre os factores do sistema do programa de navegação e a perceção da facilidade de utilização do programa de navegação. Existe uma relação significativa entre os factores do sistema de um programa de navegação e a perceção da utilidade do programa de navegação. Este resultado mostra que os inquiridos dão mais importância à qualidade do serviço do programa de navegação do que à qualidade do seu sistema.

O Mozilla Firefox foi considerado como tendo uma qualidade de sistema superior à dos outros navegadores Web, uma vez que garante uma melhor e mais fácil navegação durante a navegação. A percentagem de alunos do sexo masculino foi superior à percentagem de alunos do sexo feminino, enquanto que menos alunos referiram que a navegação com o Mozilla Firefox resultava sempre em bloqueio da Web, em comparação com outros navegadores, sendo a percentagem de alunos do sexo feminino inferior à dos alunos do sexo masculino. Para além disso, o Mozilla Firefox tem uma qualidade de serviço superior à dos outros navegadores, devido ao seu tempo de arranque mais rápido do que o dos outros navegadores, com uma maior percentagem de estudantes do sexo feminino.

A qualidade do sistema de um navegador Web tem uma influência significativa na aceitação ou preferência desse navegador Web, no entanto, a qualidade do serviço dos navegadores Web tem uma influência significativa na escolha da preferência do navegador Web. Os resultados deste estudo confirmam os de Haghshenas et al (2013), segundo os quais o comportamento do consumidor é influenciado por alguns factores internos e externos. Os resultados deste estudo confirmam os de Murray et al. (1996); Allen (1997); Davies et al. (2000); OCDE (2000) e Tsourgiannis (2008), segundo os quais as caraterísticas de qualidade dos produtos e serviços são também factores muito importantes a considerar quando se estuda a escolha ou o comportamento do consumidor, uma vez que influenciam significativamente o seu comportamento.

O nível dos estudantes, o tempo de utilização da Internet e o seu sentido de auto-eficácia têm uma influência considerável na aceitação de um determinado programa de navegação Web. Isto corrobora o trabalho de Harrell e Frazier (1999); Czinkota et al (2000); Czinkota & Kotabe (2001); Dibb et al (2001); Jobber (2001); Boyd et al (2002) e Solomon & Stuart (2003), que demonstraram que os factores demográficos e pessoais, que estão em grande parte fora do controlo e da influência do comerciante, têm uma influência significativa no comportamento e na tomada de decisões do consumidor. Os resultados deste estudo também corroboram a afirmação de Constantinides (2004) de que a experiência na Web é um fator importante que influencia o utilizador e o consumidor em linha.

O resultado deste estudo também contradiz o trabalho de Yakup & Jablonsk (2012), que argumentam que a idade é um fator importante a considerar na escolha de produtos e serviços pelo consumidor. Embora isto possa ser verdade para outros produtos e serviços, continua a ser inválido no que diz respeito à escolha de navegadores Web pelo consumidor. Por outro lado, o resultado deste estudo apoia Yakup & Jablonsk (2012) na ideia de que a personalidade e o autoconceito são factores importantes a ter em conta na escolha dos navegadores Web pelos consumidores.

Este resultado também complementou o trabalho de Tabatabai e Luconi (1998) e Tabatabai e Shore (2005), segundo os quais as pessoas que são principiantes, ou seja, pessoas que não têm experiência em navegadores Web e na utilização da Internet, geralmente não conhecem os melhores navegadores Web, ao passo que os especialistas que têm um elevado nível de experiência conhecem os melhores navegadores Web e podem escolher os melhores navegadores Web. Este estudo revelou que o tempo que os utilizadores passam a utilizar os serviços da Internet tem uma influência positiva na sua escolha do navegador Web. Também não se pode deixar de sublinhar o trabalho de Thatcher (2008) neste estudo, que constatou que os participantes com um nível mais elevado de experiência na Web tinham mais probabilidades de utilizar o "leitor paralelo". Isto complementa o estudo, uma vez que este estudo mostrou que os utilizadores podem utilizar mais do que um navegador Web se houver um problema com um deles, e que essas pessoas podem alternar entre navegadores Web.

CAPÍTULO CINCO
RESUMO, CONCLUSÕES E RECOMENDAÇÕES

Este capítulo contém uma síntese dos resultados, as conclusões do estudo, as recomendações decorrentes do estudo e sugestões para estudos futuros.

5.1 Resumo do estudo

Em resumo, este estudo investigou os factores individuais, sistémicos e sociais que prevêem a preferência dos estudantes da Universidade de Ibadan por um navegador Web. No decurso do estudo, foi analisada a literatura relevante, particularmente em relação aos navegadores Web, à Internet e a factores individuais. Foi escolhida uma abordagem de inquérito. Neste estudo, foi utilizada uma técnica de amostragem em várias fases. Foram selecionadas todas as faculdades académicas e os inquiridos de cada faculdade foram selecionados aleatoriamente de forma proporcional à sua dimensão. A distribuição de frequências e a análise de regressão logística foram utilizadas para determinar a relação entre as variáveis dependentes e independentes do estudo.

O resultado mostra que os estudantes com idades compreendidas entre os 25 e os 30 anos têm a percentagem mais elevada, com 40,6, enquanto os estudantes com menos de 18 anos têm a percentagem mais baixa, com 4,2. A ciência também tem a percentagem mais elevada, com 16,7, enquanto o Centro de Recursos de Media de Abadina, o Centro para a Paz e os Conflitos e o CESDEV têm a percentagem mais baixa, com 0,2 cada. O Mozilla Firefox é o navegador web mais utilizado e preferido neste estudo, enquanto o Internet Explorer é o menos preferido. O Google Chrome e o Opera foram quase igualmente preferidos.

O resultado mostra uma relação significativa entre os factores do sistema, os factores individuais e a utilidade percebida, e a norma subjectiva e a utilidade percebida também prevêem a preferência dos estudantes por um programa de navegação Web.

5.2 Conclusão do estudo

O Mozilla foi o navegador mais utilizado e também o mais preferido. Isto deve-se ao facto de ser essencialmente um programa de navegação Web útil, fiável, fácil de utilizar, com melhor qualidade de sistema e de serviço e que goza da aprovação de amigos, familiares e outras pessoas do meio social dos estudantes, em comparação com outros programas de navegação Web. Existe uma relação significativa entre os factores do sistema e a perceção de utilidade do navegador Web pelos utilizadores. Existe uma relação significativa entre os factores do sistema e a perceção da facilidade de utilização, sendo o nível do aluno o único fator individual relacionado com a utilidade do navegador Web entre os alunos. O género, a idade e o nível do aluno foram os únicos factores individuais que previram a perceção da facilidade de utilização do programa de navegação Web.

A utilidade percebida é um fator importante a considerar na preferência dos estudantes da Universidade de Ibadan pelos navegadores Web. Existe uma relação significativa entre a norma subjectiva e a preferência pelo navegador Web. Não existe uma relação significativa entre a perceção da facilidade de utilização e a preferência por um navegador Web entre os estudantes da Universidade de Ibadan. Isto significa que os estudantes consideram o Mozilla um navegador Web útil em que podem confiar, o que também tem um impacto na sua preferência. No entanto, de acordo com este estudo, a perceção da facilidade de utilização não influenciou a preferência dos estudantes pela Web. O resultado mostrou que a norma subjectiva previu a preferência dos alunos pelos programas de navegação Web.

## 5.3	Recomendações do estudo

Com base nos resultados deste estudo, são feitas as seguintes recomendações;

i.	Os criadores de programas de navegação Web devem ter em conta a perceção da facilidade de utilização e da utilidade de cada programa de navegação, que foi concebido para satisfazer as necessidades dos utilizadores, de modo a que cada programa de navegação Web seja fácil de navegar.

ii.	Os criadores de programas de navegação Web devem também ter em conta a qualidade do sistema e dos serviços de um programa de navegação Web.

## 5.4	Sugestões para estudos futuros

O estudo examinou os factores individuais, sistémicos e sociais que influenciam a preferência dos estudantes da Universidade de Ibadan pelos navegadores Web. No entanto, o estudo limitou-se aos estudantes da Universidade de Ibadan. Poderiam ser realizados mais estudos a este respeito para investigadores e académicos que desejem enriquecer e expandir o conjunto de conhecimentos para este fim. As áreas de potencial interesse para estudos futuros incluem

(i) Quem quiser repetir este estudo pode fazê-lo noutros locais, instituições e zonas onde a utilização da Internet esteja generalizada.

(ii) Os estudos podem também incluir outros factores, como o rendimento e a profissão dos potenciais utilizadores, que podem influenciar a escolha do navegador Web.

(iii) Os estudos podem utilizar outros quadros teóricos para explicar a relação entre as variáveis na escolha do navegador Web pelos consumidores.

(iv) Além disso, o presente estudo limita-se apenas a quatro programas de navegação. Estudos futuros poderiam alargar o âmbito destes programas de navegação, a fim de obter uma avaliação mais precisa da escolha do programa de navegação Web pelos utilizadores.

REFERÊNCIAS

Adomi, E.E. (2005). Internet development and connectivity in Nigeria (Desenvolvimento e conetividade da Internet na Nigéria). Programa: Electronic Library and Information Systems, 39 (3), 257-268.

Ajzen, I. (1991). A teoria do comportamento planeado. Comportamento Organizacional e Processo de Decisão Humana, 50 (2), 179-211.

Ajzen, I. (2001). The nature and function of attitudes. Revista Anual de Psicologia, 52 (1), 27-58.

Ajzen, I. e Martin, F. (1980). Understanding attitudes and predicting social behavior (Compreender as atitudes e prever o comportamento social). NJ: Prentice-Hall.

Allen, D. (1997). Produção e comercialização planeada de carne de bovino. BSP Professional Books, Oxford.

Al-Rafee, e Rouibah, K. (2010). La lutte contre le piratage numérique: une expérience.Télématique et informatique, 27(3), 283-292.

Anasi, S. (2006). Patterns of Internet use by students at the University of Lagos, Nigeria (Padrões de utilização da Internet pelos estudantes da Universidade de Lagos, Nigéria). University of Dar es Salaam Library Journal, 8 (1), 1-15.

Anderson, D. K. e Reed, W. M. (1998). The impact of Internet instruction, prior computer experience, and learning style on teachers' Internet attitudes and knowledge. Journal of Educational Computing Research, 19 (3), 227 - 246.

Ashford, W. (2008a). O Google Chrome aumenta a utilização, mas não esperem outra guerra de browsers. [artigo]. Computer Weekly, 1-1.

Ashford, W. (2008b). A Google lança a versão beta do navegador Web Chrome. [artigo]. Computer Weekly, 17-17.

Bankole, O M e Oludayo, B.S, (2012). Utilização da Internet entre os estudantes da Universidade Olabisi Onabanjo, Ago Iwoye, Nigéria.

Baran, J. S. (2009). Introdução à comunicação de massas: literacia mediática e cultura. (Quinta edição actualizada) Boston: McGraw-Hill Higher Education.

Bartlett, K. (2006). O browser desagradável: O que fazer quando o browser não é simpático para o seu CSS.

Berners-Lee, T. (2011). O navegador da World Wide Web. World Wide Web

Consórcio, disponível em http://www.w3.org/people/bemers-lee/worldwideweb a 12 de julho de 2013.

Berners-Lee, T. (2012). Perguntas frequentes: quais foram os primeiros navegadores da WWW? Consórcio da World Wide Web. Recuperado de http://www.w3.org/people/bemers Lee/faq.html#browser em 18 de maio de 2013

Bettman, J.R. (1979). An Information-Processing Theory of Consumer Choice, Addison-Wesley, Glen View, IL.

Bharat M. e Harish S. B. (2012). Estudo e análise de diferentes protocolos em navegadores web populares. Revista Internacional de Avanços em Pesquisa e Tecnologia, Volume 1, Issue.

Borden, N.H. (1964). The concept of the marketing mix, Journal of Advertising Research, 32 (1), 2-7.

Brassington, F. e Pettitt, S. (2003), Principles of Marketing, 3ª edição, Prentice- Hall/Financial Times, Englewood Cliffs, NJ.

Brinkmann, M. (2011). Atualização de segurança estável do Google Chrome para a versão 11. Obtido de http://www.ghacks.net/2011/04/27/google-chrome-stable- security-update-to-version-11/ em 12 de setembro de 2013

Chen, L. e Justin T. (2007). Adaptação tecnológica no comércio eletrónico: principais determinantes da aceitação da loja virtual. European Journal of Management, 22 (1), 74-86.

Chena, S. Y. e Macredie, R. (2010). Interação baseada na Web: uma análise de três factores humanos importantes. Revista internacional de gestão da informação, 32 (2), 123-126.

Ciboh, R. (2007). The mass media in Nigeria: a perspective on growth and development (Os meios de comunicação social na Nigéria: uma perspetiva de crescimento e desenvolvimento). Makurdi: Aboki Publishers.

Konstantinides, E. (2004). Influenciar o comportamento do consumidor em linha: a experiência na Web. Recuperado de www.emeraldinsight.com/1066-2243.htm em 3 de fevereiro de 2014

Czinkota, M.R. e Kotabe, M. (2001). Marketing Management, 2ª edição, SouthWestern College Publishing, Cincinnati, OH.

Davis, F.D. e Warshaw, P.R. (1989). User acceptance of computer technology: a comparison of two theoretical models, Management Science, 35 (9), 9821003.

Davis, F. D. (1993). User acceptance of information technology: system characteristics, user perceptions and behavioural effects. Jornal Internacional de Estudos Homem-Máquina, 38 (3), 475-487.

DeLone W.H. e McLean E.R. (2003). O modelo DeLone e McLean para o sucesso dos sistemas de informação. Uma atualização de dez anos. Zeitschrift für Management-Informationssysteme, 19 (4) 9-30.

Dibb, S. e Ferrell, O.C. (2001). Marketing Concepts and Strategies, 3ª edição, Houghton-Mifflin Company, Boston, MA.

Eysenbach G. 2005, Design and evaluation of websites containing health information for consumers

Retirado de www.healthcareservices.com/consumer/health.htm

Fallows, D. (2005). Search engine users: Internet users are confident, satisfied and trusting - but they are also inattentive and naive, Pew Internet

eAmericanLifereport .   consultados por

http://www.pewInternetorg/PPF/r/146/report display.asp

Fishbein, M. e Ajzen, I. (1975). Belief, attitude, intention and behaviour: An introduction to theory and research (Crença, atitude, intenção e comportamento: uma introdução à teoria e à investigação). Reading, MA: Addison-Wesley.

Floropoulos, J. e Tsipouridou M. (2010). Measuring the success of the Greek tax information system, International Jounal of Information Management, 30 (2010) 47-56.

Ford, N., Miller, D. e Moss, N. (2001). The role of individual differences in Internet search: an empirical study. Journal of the American Society for Information Science and Technology, 52 (12), 1049-1066.

Foxhall, D. (2013). Understanding the Different Types of Web Browsers, acedido em http://jcmc.indiana.edu/vol5/issue2/swaminathan.htm a 23 de março de 2014.

GoogleChromeFeatures . (2013). Obtido de

http://www.google.com/chrome/intl/en/more/features.html em 2 de abril de 2014

Inquérito aos utilizadores da WWW (1996). Fifth Gvu survey of www users. Recuperado de http://www.cc.gatech.edu/gvu/user-surveys/survey- 041996/graphs/use/intend_browser.html em 12 de abril de 2014

Haghshenas, L. e Harooni, M. (2013). Revisão do comportamento do consumidor e fatores que afetam as decisões de compra, revista singaporeana de economia empresarial e estudos de gestão 1 (10), 17-24.

Harrell, G.D. e Frazier, G.L. (1999). Marketing, Connecting with Customers, Prentice-Hall, Englewood Cliffs, NJ.

IBM. (2004). Design centrado no utilizador . Obtido de

http://changingminds.Org/disciplines/hr/selection/validity.htm#typ em 12 de março de 2014

Jackson, L.A. e Schmitt, N. (2001). O género e a Internet: Mulheres

comunicar e procurar homens. Sex Roles, 44 (5-6), 363-379.

Jagboro K.O. (2003). A case study of Internet use in Nigerian universities: a case study of Obafemi Awolowo University, Ile-Ife Nigeria. Retirado de http://www.firstmonday.org/issues8_2/

Jobber, D. (2001). Principles and Practice of Marketing, McGraw-Hill International (UK) Limited, Nova Iorque, NY.

Kahn, R.E. e Cerf, V.G. (1999). A Internet como um novo meio de comunicação. (segunda edição) Nova Iorque: Longman.

Kaplan, R. (2005). Utilização dos serviços e recursos da Internet nas universidades técnicas de Punjab e Haryana (Índia): A study. The International Information & Library Review, 40, 10-20.

Kim, D. Y. e Morrison, A. M. (2007). Gender differences in online travel information seeking: Implications for Internet marketing communications. Tourism Management, 28 (2), 423-433.

Kotler, P. (2003). Marketing Management, 11ª edição, Prentice-Hall International Editions, Englewood Cliffs, NJ.

Leiner, B. (2013). Uma breve história da Internet. Internet *Society*. Recuperado de http://www.internetsociety.org/internet/what-internet/history-internet/brief- history-internet em 12 de março de 2014

Lenhart, A. e Hitlin P, (2005). Teenagers and technology: Young people lead the transition to a fully connected and mobile nation.45 (3), 34 - 50

Liaw, S. S. (2002). Um inquérito na Internet sobre as percepções dos computadores e da World Wide Web.

Computer in Human Behavior, 18, 17-35

Lohr, L. e Johnson, B. (2007). Melhorar a usabilidade do ensino à distância através da alteração dos modelos. Flexible learning in an information society (Aprendizagem flexível numa sociedade da informação). Idea Group Inc.

Malik, A. e Mahmood, K. (2009). Web search behaviour of university students: A case study from Punjab University [Comportamento de pesquisa na Web dos estudantes universitários: um estudo de caso da Universidade de Punjab]. Webology, 6 (2), 1-14.

Mishra, M.K. (2009). Use and importance of the Internet at the University of Maiduguri, Nigeria, acedido por

http : //firstmonday.org/htbin/c giwrap/bin/oj s/index.php/fm/article/viewArticle /2301/2118

MobileWebBrowser	.	(2013). Disponível em

http://www.pcmag.com/article2/0,2817,2380153,00.asp em 29 de abril de 2014

Estratégia Nacional de Empoderamento Económico e Desenvolvimento (NEEDS), (2006). Secretariado da NEEDS, Comissão Nacional de Planeamento, Secretariado Federal, Abuja, Nigéria.

Ojokoh, B.A. e Asaolu, M.F. (2005). Estudos sobre o acesso e a utilização da Internet pelos estudantes da Universidade Federal de Tecnologia, Akure, Nigéria. Jornal Africano de Bibliotecas, Arquivos e Ciências da Informação, 15(2)149-153

Ologbo-Ori, T. (2005). A Internet como meio de comunicação. (Primeira edição) Lagos: Awo Limited.

Omotayo, B.O. (2006). A survey of Internet access and use by students at an African university [Um estudo sobre o acesso e a utilização da Internet por estudantes de uma universidade africana]. The International Information and Library Review 38: 215-224.

Onestat.com. (2005). A quota da Mozilla na utilização global de browsers continua a crescer. Additivebehaviors	.	Retrievedfrom

http://www.onestat.com/html/aboutus	pressbox40	mercado	de	navegadores	firefox crescimento.html

Onestat.com. (2008). A quota de utilização global do Mozilla Firefox continua a crescer Comportamento aditivo.

Lançamentos do Opera Software (comunicado de imprensa). Opera Software. Recuperado de http://opera.com/press/releases/2013/ em 24 de março de 2014

Bullock, C. e Burnaska, K. (1997). Gender differences in the use of and attitude towards ALNs in an academic environment (Diferenças de género na utilização e atitude em relação às ALNs num ambiente académico). Journal of Asynchronous Learning Networks, 1(1), 39-51.

Perry, M. (2008). O Google bate o Chrome em termos de forma. Information World Review (250), 3-3.

Qunqing, H. (2004). Reading outside the library: how the Internet has influenced reading in China. Information Development 20 (3), 182-188.

Rai A. e Welker R.B. (2002). Assessing the validity of IS models ; an empirical test and theoretical analysis, Information System Research, 13(1), 50-69.

Rivera-Sanchez, M. e Lin, J. (2012). Understanding dating browser user choice: an application of the relative mechanism using the theory of planned behaviour, Online Journal of Communication and Media Technologies, 2 (4), 157-165

Seddon P.B. (1997). A reformulation and extension of DeLone and McLean's model for successful R.I. Information systems Research, 8(3), 240-253.

Severin, W. J. e Tankard, J.W. (2001). Communication theories: Origins, methods and uses in the mass media. Nova Iorque: Longman.

Sheppard, B. H. e Warshaw, P.R. (1988). The theory of reflective action: a meta-analysis of previous research with recommendations for change and future research. Journal of Consumer Research, 15 (3), 343.

Shneiderman, B. (2000). Universal design. Comunicação da ACM, 43, 84-91.

Skuras, D. e Dimara E. (2005). Regional image and the consumption of products with a regional designation. Estudos Europeus sobre Cidades e Regiões, 5(12), 335-351.

Solomon, M.R. e Stuart, E.W. (2003). Marketing, Real People, Real Choices, 3ª edição, Prentice-Hall, Englewood Cliffs, NJ.

Statcounter (2013). Os 5 principais navegadores de julho de 2010 a julho de 2012. Recuperado de http://gs.statcounter.com/topbrowsers em 12 de abril de 2014

Statowl (2013). Análise da utilização do navegador Web e estatísticas de penetração no mercado.

Disponível em http://www.statowl.com/web_browser_market_share.php

Tabatabai, D. e Luconi, F. (1998). Differences between novice experts in web search. Na Conferência Americana sobre Sistemas de Informação, Baltimore, Maryland, EUA. agosto 14(16), 390-393

Tabatabai, D. e Shore, B.M. (2005). How experts and novices browse the Internet. Library and Information Science Research, 27, 222-248.

TechMedia Network, (2013). Produto de comparações de software de navegador de Internet. Recuperado de http://Internet-browser-review.toptenreviews.com/ em 12 de abril de 2014

Thatcher, A. (2008). Web search strategies: the influence of web experience and information processing management, 44(3), 1308-1329.

The New York Times. (2011). Firefox na liderança na Europa. Recuperado de http://www.nytimes.com/2011/01/05/technology/05browser.html em 23 de março de 2014

Tsourgiannis, L. (2008). Estratégias de marketing de explorações pecuárias em regiões do Objetivo 1: um estudo comparativo entre a Grécia e o Reino Unido. Tese de doutoramento, Universidade de Plymouth.

Udende, P. e Azeez A.L. (2010). Internet access and use among students of the University of Ilorin, Nigeria Journal of Communication and Media Research, 2(1), 33 - 42.

W3school (2013). Caraterísticas e estatísticas do Internet Explorer. Recuperado de http://www.w3schools.com/browsers/browsers explorer.asp em 12 de abril de 2014

W3school (2013). Estatísticas e tendências dos navegadores. Recuperado de http://www.w3schools.com/browsers/browsers stats.asp em 12 de abril de 2014

Wang, S. K. e Yang, C. (2005). Design de interface e teste de usabilidade de um ambiente de aprendizagem baseado na Web para fossilização. Jornal de Educação Científica e Tecnológica, 14 (3), 305-313.

Weinreich, H. e Mayer, M. (2008). Not quite average: an empirical study of web usage. ACM Transactions on the Web, 2(1), 101 - 121

Yakup, D. e Jablonsk, S. (2012). Abordagem integrada dos factores que afectam o comportamento de compra dos consumidores na Polónia e um estudo empírico, Global Journal of Management.

APÊNDICE 1

QUESTIONÁRIO

Caro arguido

Este estudo está a ser realizado para examinar os factores individuais e sistémicos que influenciam a adoção e a utilização de navegadores Web entre os estudantes da Universidade de Ibadan. Pedimos-lhe que preencha as suas respostas da forma mais aberta possível. Todas as informações fornecidas serão tratadas como estritamente confidenciais e utilizadas apenas para efeitos deste estudo.
Obrigado pelo vosso tempo.

Secção A: Informações demográficas (assinalar ou escrever conforme adequado)

1. Sexo: a. Masculino [   ] b. Feminino   []
2. Faixa etária: a. Menos de 18 anos [   ] b. 19-24 [   ] c. 25-30 [ ]

d. Mais de 30 anos

3. Docentes: (Por favor

   Indicar)

4. Nível de   instrução: a.   100L   [   ] b. 200L [   ]   c.   300L[ ]d.400L   []

e.

   500L [   ] f. 700L   [ ]g.800L [   ]

5. Há quanto tempo utiliza a Internet   ?   a.   menos de um

   ano   [   ],   b.   1 - 2

   anos [   ],

   c. 3 - 4 anos [   ], d. Mais de 4 anos [   ].

Secção B: Preferências do navegador Web

6. Qual dos seguintes navegadores Web utiliza? *(Escolha o maior número possível)*

   a. Internet Explorer (IE) [   ] , b. Google Chrome [   ],   c.

   Opera [].

d. Mozilla Firefox [   ]

7. Se indicou mais do que um programa de navegação na pergunta 7, assinale apenas os programas de navegação que utiliza. ***Selecione "Não aplicável" (NA) para os programas de navegação que ainda não utilizou.***

(Assinale as seguintes casas: 1 = muito baixo, 2 = baixo, 3 = médio, 4 = elevado, 5 = muito elevado)

	1 Very Low	2 Low	3 Average	4 High	5 Very high	Not Applicable
Internet Explorer						
Google Chrome						
Mozilla Firefox						
Opera						

8. Qual dos seguintes navegadores Web prefere? a. Internet Explorer [ ], b. Google Chrome [   ], c. Opera [   ], d. Mozilla Firefox [   ]

Secção C: Definições do navegador Web

9. *Assinale SA = Concordo totalmente, A= Concordo, SD = Discordo totalmente, D= Discordo e NA = Não aplicável e* **selecione Não aplicável (NA) para os navegadores que nunca utilizou.**

S/N	Items	SA	A	SD	D	NA
1.	I have a positive attitude towards my choice of web browser					
2.	I intend to use this browser frequently					
3.	Internet Explorer is best of the browser					
4.	Google Chrome is the best of the browser					
5.	Opera is the best of the browser					
6.	Mozilla Firefox is the best of the browser					
7.	None of the browsers is good					
8.	I like working with all of them in case one fails, I can easily switch					

Secção D: Auto-eficácia (escala de auto-eficácia de Rosenberg, 2012)

10. *Assinale SA = Concordo totalmente, A= Concordo, SD = Discordo totalmente, D= Discordo e NA = Não aplicável e* **selecione Não aplicável (NA) para os navegadores que nunca utilizou.**

S/N	Items	SA	A	SD	D	NA
1.	I am confident that I can use any browser to achieve a given task					
2.	There is no problem in the use of my choice of web browser					
3.	I am afraid that I might not be able to use any browser successfully					
4.	I have determined to stick to one web browser					
5.	I don't like to Figure out difficult problems with web browsers					

6.	I am not easily discouraged by any browser difficulty					
7.	I am very well satisfied with the web browser I am using					
8.	Other People influence me on my choice of web browser					
9.	I can install web browser I need by myself (if unavailable on the computer I use)					

Secção E: Utilidade percebida (PU)

11. *Assinale SA = Concordo totalmente, A= Concordo, SD = Discordo totalmente, D= Discordo e NA = Não aplicável.* **(Selecione Não Aplicável (NA) para os navegadores que nunca utilizou).**

S/N	Items	SA	A	SD	D	NA
1.	Google Chrome is an essential useful web browser to depend on					
2.	Mozilla Firefox is an essential useful web browser to depend on					
3.	Internet Explorer is an essential useful web browser to depend on					
4.	Opera is an essential useful web browser to depend on					
5.	There is none of the web browsers that is worth depending on					

Secção F: Perceção de simpatia

12. *Assinale SA = Concordo totalmente, A= Concordo, SD = Discordo totalmente, D= Discordo e NA = Não aplicável.* **(Selecione Não Aplicável (NA) para os navegadores que nunca utilizou).**

S/N	Items	SA	A	SD	D	NA
1.	Google Chrome is easy to use compared with other browsers					
2.	Mozilla Firefox offers is easy to use compared with other browsers					
3.	Internet Explorer is easy to use compared with other browsers					
4.	Opera offers is easy to use compared with other browsers					
5.	Google Chrome reduces browsing difficulties compared with other browsers					
6.	Mozilla Firefox reduces browsing difficulties compared with other browsers					
7.	Internet Explorer reduces browsing difficulties compared with other browsers					
8.	Opera reduces browsing difficulties compared with other browsers					

Secção G: Normas subjectivas

13. *Assinale SA = Concordo totalmente, A= Concordo, SD = Discordo totalmente, D= Discordo e NA = Não aplicável. **(Selecione Não Aplicável (NA) para os navegadores que nunca utilizou).***

S/N	ITEMS	SA	A	SD	D	NA
1.	I dislike depending on only one particular browser					
2.	Most people who are important to me would approve of my using Google Chrome					
3.	Most people who are important to me would approve of my using Mozilla Firefox					
4.	Most people who are important to me would approve of my using Internet Explorer					
5.	Most people who are important to me would approve of my using Opera					
6.	I don't depend on any one to make my choice of web browser					

Secção H: Qualidade do sistema (SYQ) e qualidade do serviço (SEQ)

14. *Assinale SA = Concordo totalmente, A= Concordo, SD = Discordo totalmente, D= Discordo e NA = Não aplicável. **(Selecione Não Aplicável (NA) para os navegadores que nunca utilizou).***

S/N	Items	SA	A	SD	D	NA
1.	Google Chrome ensures better and easy navigation during browsing than other browsers					
2.	Mozilla Firefox ensures better and easy navigation during browsing than other browsers					
3.	Internet Explorer ensures better and easy					

	navigation during browsing than other browsers					
4.	Opera ensures better and easy navigation during browsing than other browsers					
5.	There is always web crash when using Google Chrome during browsing than other browsers					
6.	There is always web crash when using Mozilla Firefox during browsing than other browsers					
7.	There is always web crash when using Internet Explorer during browsing than other browsers					
8.	There is always web crashing when using Opera during browsing than other browsers					
9.	Google Chrome prevent malware from installing itself on my system than other browsers					
10.	Mozilla Firefox prevent malware from installing itself on my system than other browsers					
11.	Internet Explorer prevent malware from installing itself on my system than other browsers					
12.	Opera prevent malware from installing itself on my system than other browsers					

Secção I: Qualidade do serviço (SEQ)

15. *Assinale SA = Concordo totalmente, A= Concordo, SD = Discordo totalmente, D= Discordo e NA = Não aplicável. (**Selecione Não Aplicável (NA) para os navegadores que nunca utilizou).***

S/N	Items	SA	A	SD	D	NA
1.	Google Chrome is quick to start up compared with other web browsers					
2.	Mozilla Firefox is quick to start up compared with other web browsers					
3.	Internet Explorer is quick to start up compared with other web browsers					
4.	Opera is quick to start up compared with other web browsers					
5.	Google Chrome loads web pages faster compared with other web browsers					
6.	Mozilla Firefox loads web pages faster compared with other web browsers					
7.	Internet Explorer loads web pages faster compared with other web browsers					
8.	Opera loads web pages faster compared with other web browsers					
9.	Google Chrome runs complex applications faster compared with other web browsers					
10.	Mozilla Firefor runs complex applications faster compared with other web browsers					
11.	Internet Explorer runs complex applications faster compared with other web browsers					
12.	Opera runs complex applications faster compared with other web browsers					
13.	Google Chrome presents better web page display					

	compared to other web browsers					
14.	Mozilla Firefox presents better web page display compared to other web browsers					
15.	Internet Explorer presents better web page display compared to other web browsers					
16.	Opera presents better web page display compared to other web browsers					

Fim do questionário

Obrigado por preencher este questionário. A sua contribuição positiva para este inquérito é muito valiosa.

APÊNDICE DOIS

Data : 5

de julho de 2013

CARTA DE APRESENTAÇÃO

Gostaria de apresentar o ASADE, Azeez Adesina (165575), que está a fazer um Mestrado em Ciência da Informação (M.Inf.Sc.) no Centro Regional Africano para a Ciência da Informação (ARCIS). O ARCIS é um instituto da Universidade de Ibadan, criado em 1990 para formar pessoal altamente qualificado, realizar investigação e fornecer serviços de desenvolvimento e gestão de sistemas de informação a organizações na Nigéria e noutros países da África Ocidental.

Como parte da sua formação, os estudantes do programa M.Inf.Sc. são obrigados a completar projectos académicos, trabalhos e tarefas que envolvem o estudo de sistemas/serviços de informação em organizações do sector público e privado na Nigéria e noutros países.

Neste contexto, o estudante acima mencionado necessita de dados e informações de ou sobre a sua organização para um projeto intitulado **"Factores individuais, sistémicos e sociais que influenciam as preferências de navegação na Internet dos estudantes da Universidade de Ibadan, Nigéria".**

Por favor, ajude-nos a compreender e a apoiar-nos adequadamente.
Obrigado pelo vosso tempo.

Printed by Books on Demand GmbH, Norderstedt / Germany